莫春者，春服既成，冠者五六人，童子六七人，浴乎沂，风乎舞雩，咏而归。

傅国涌 · 著

寻找母语教育的另一种可能

山西出版传媒集团　山西人民出版社

图书在版编目（CIP）数据

寻找母语教育的另一种可能：傅国涌课童记／傅国
涌著. -- 太原：山西人民出版社，2024.4. --ISBN
978-7-203-13784-9

Ⅰ.G633.302

中国国家版本馆 CIP 数据核字第 2025JX0887 号

寻找母语教育的另一种可能：傅国涌课童记

著　　者：傅国涌
责任编辑：孙　茜
复　　审：贾　娟
终　　审：梁晋华
装帧设计：王聚金

出 版 者：山西出版传媒集团·山西人民出版社
地　　址：太原市建设南路 21 号
邮　　编：030012
发行营销：0351-4922220　4955996　4956039　4922127（传真）
天猫官网：http://sxrmcbs.tmall.com　电话：0351-4922159
E－mail：sxskcb@163.com　发行部
　　　　　sxskcb@126.com　总编室
网　　址：www.sxskcb.com

经 销 者：山西出版传媒集团·山西人民出版社
承 印 厂：山西人民印刷有限责任公司

开　　本：890mm×1240mm　1/32
印　　张：10.625
字　　数：185 千字
版　　次：2025 年 4 月　第 1 版
印　　次：2025 年 4 月　第 1 次印刷
书　　号：ISBN 978-7-203-13784-9
定　　价：66.00 元

如有印装质量问题请与本社联系调换

自序　寻找母语教育的另一种可能

一

　　2018 年 11 月的一个下午，天朗气清，我和孩子们在西湖边与秋天对话，从欧阳修的《秋声赋》开始，我们渐渐进入秋声、秋色、秋意、秋气，一起寻找秋心，也就是秋的灵魂。当孩子们读到"蓦地，湖面掠过一只白色的水鸟。它用长长的翅膀拍击着湖波，由远而近，又由近而远，那雪白的身影在湖面划出一条优美的曲线，岛影、游船、长堤、远山，仿佛都被它串连起来，一幅静止的水彩画顿时活了起来，动了起来……"（赵丽宏《西湖秋思》），湖上有一只水鸟向我们飞来，接着一只游船靠近，相隔三十七年，此情此景和作者当时所见竟是如此契合，孩子们禁不住发出了惊呼。

我们从中国作家的秋思，转向遥远的瓦尔登湖，美国作家梭罗的秋思，读他的《金秋色调》，再转向广袤辽阔的伏尔加河流域，俄国作家谢尔古年科夫的秋思，朗读他的《秋与春》片段——

> 当我望着森林的时候，世界——不是我眼前的森林，不是世界、不是秋天、不是松树、不是天空中的太阳、不是云彩，也不是路边的水洼、不是树上的乌鸦、不是消失的草地、不是繁星满天的夜晚、不是花楸树。它是我自己以及我的烦恼、喜悦、疑虑，我的爱恨、疲惫、欲望、激情，我的痛苦、绝望、自信。我的烦恼在路上跳跃，我的思绪在花楸树枝上栖息，我的疑虑像乌云一样奔涌。当我审视我自己，发现自己思绪万千时，我发现的并不是我自己，而是森林、世界、秋天……

孩子们读着读着，被那些凝固在文字中的秋天深深吸引，我们几乎忘记了时间的存在，天渐渐暗下来了，西湖的黄昏降临了，围观的家长纷纷打开了手机的手电筒，照亮孩子们手中的阅读资料。

这是一个寻常的秋天，一堂寻常的"与世界对话"课。

这一天，我们的课堂就在西湖。白居易的西湖，苏轼的西湖，张岱的西湖，张爱玲、无名氏的西湖……从此也成为我和孩子们的西湖，我们曾在这里循着中外作家的秋思，寻找过秋的灵魂。

什么是美的教育？我提供不了一个标准答案，但我心中常常浮出几个画面：

百年前的春晖中学，白马湖畔那个没有月光的中秋夜，丰子恺的讲座"贝多芬和《月光曲》"，还有他弹奏的《月光曲》；在北师大附中，一个下弦月的夜晚，石评梅、李健吾等师生在荷花池畔歌唱、轻语……还有八十年前的西南联大，围着刘文典教授听他讲《月赋》的月圆之夜……

这不就是《论语》中孔夫子所喟叹的"吾与点也"的那幅画面吗？

莫春者，春服既成，冠者五六人，童子六七人，浴乎沂，风乎舞雩，咏而归。

早在 1904 年，王国维先生就在《教育世界》发表《孔子的美育主义》，洞见了孔子"平日所以涵养审美之情"的用心。他在《论教育之宗旨》中将美育与智育、德育并举，所谓美育，在他看来就是审美的教育，"独美之为物，使人忘一己之利害而入高尚纯洁之域，此最纯粹之快乐也"。

三十年前，我的老师吴式南先生在《语文审美教育概论》一书中提出，"人类之所以需要美，根本上乃是出于对自身的观照与心灵自由之满足。……在人类的所有教育手段之中，也许美育是最好的一种教育。因为美育是一种情感教育、形象教育、爱的教育，是既切合于人之本性的需要，是人的自娱、自观、自赏，又能从灵和肉的两方面给人以滋润……"

美育不是抽象的，不是空对空导弹，而是从眼前的花草树木鸟兽虫鱼日月星辰出发，与大千世界、浩瀚宇宙对话，在有限中理解无限，在一朵花开、一片叶子落地中领悟美的奥秘。歌德说，美是神秘的自然法则的显现。但不是每个人都能将它恰当地表达出来，更何况自由、尊严也都包含在美之中。美是一切专横、粗鄙和平庸的天敌。

二

2017 年秋天，我编的《寻找语文之美》问世之后，心中便产生了一个强烈的愿望，想要寻找"童子六七人"，跟他们一起读万卷书行万里路。我将自己设计的课称为"与世界对话"，旨在尝试母语教育的另一种可能，试图在叶圣陶、夏丏尊、朱自清等先生在民国践行并确立的母语教育范式之外，寻找并践行另外一条路径。

在文言转向白话的时代转型中，他们为近现代中国的母语教育摸索出了一条切实可行的道路，他们本身的母语根底和付出的努力，他们从一线的教育实践到教科书、课外辅导读物的编写，都已成为教育史上难以逾越的典范，其价值已被时间所证明。但是，随着时光的推移、世事的变迁，如何在一个变化了的时代重新找到更好的开启孩子心灵的路径，使他们真正习得纯正的母语，并不断提升用母语与世界对话的能力，激发他们的想象力，涵育他们的审美力，仅仅以既定的成熟范式是否就能完成，这便成为一个值得追问的问题。

叶、夏诸先生开创的被广泛接受的以单篇阅读、字词句为中心的教学方式，对于多数孩子也许是合适的，但未必适合所有的孩子，何况在一个有了互联网、搜索引擎的时代，仍然强调以知识为中心也已显得被动。我所思考的就是如何在他们的基础上有所突破有所斩获。"尝试成功自古无"是陆游的诗句，我所求的不是成功，更不是替代。我寻求的只是新的可能、新的创造、新的价值。尝试本身就是一种价值。

一个古老民族从古代教育中挣脱出来不过百余年，一切都还在路上，难道就此停下尝试的脚步？

　　寻找人之为人的价值，这是教育的本质。人之为人，最为重要的一点就是人具有审美的能力。席勒说得很清楚，审美教育是人达到精神解放和人性完善的必需条件。而母语是审美教育的起点，一个人在童年、少年时代接触到什么样的母语，就拥有一个什么样的审美起点。如何从以知识为中心，转变为以想象力和审美力为中心，这是我尝试的切入点。我构想的"与世界对话"课立足于母语，但我理解的母语是开放的，涵盖世界不同民族的经典。只要有母语的译本，就不将它们排除在外，比如朱生豪等人所译莎士比亚的戏剧，罗念生所译古希腊史诗、悲喜剧，查良铮所译普希金、雪莱的诗歌……这些都已成为我们母语的一部分。打通古典与现代、中国与世界，让孩子们站在一个更高的起点上眺望未来，使用干净、简洁、有想象力的母语表达，在精神成长的路上迈出踏踏实实的脚步。这是我的初衷。

　　我将这一小小的母语教育实验概括为"三百千万"四个字，就是三年的时间、一百堂课，让孩子们认识古今中外一千个不同领域的作者，并在行万里路中，在心灵的记忆中形成一张自己的世界人文地图。这四个字不只是读、背、写，而且还包括演，"演"是指戏剧表演，孩子们通过表演进入角色，不仅仅习得母语，提升口语表达能力，更重要的是人格的自我塑造、生命的打开，一部戏就是一个新的世界。他们通过扮演哈姆雷特、苏格拉底、普罗米修斯、浮士德或《青鸟》中的那些角色，或蔡元培、傅斯年、鲁迅、岳飞、荆轲等角色，所获得的远远超越台词和情节本身。

这些角色一旦进入他们的生命，他们的人生也许便全然不同了。因为他们的血液中从此就渗入了哈姆雷特、浮士德……他们的心灵开始与角色相互呼应。借着他们读过的书、演过的戏、走过的自然山水和人文场景，他们慢慢地不再局限于自己狭小的世界日复一日地刷题，小心翼翼地行走在玻璃碴子般的知识碎片之间，而是看到更辽阔的天空、海洋，看到人性的善与恶，看到文明史上的峰回路转和波澜壮阔。他们开始用自己的眼睛去看待变与不变、偶然与必然。

三

五年不到的时光，我目睹一茬茬的孩子在"三百千万"磨坊里神奇地成长起来，从初来时只能写出缺乏想象力、审美力，更缺乏思想力、无声无色无味的文字。慢慢地，他们开始像花一样绽开，能写出有想象力的文字。到后来，他们笔下流淌的文字越来越令我惊讶，他们的吸收能力也越来越强。我确切地知道，他们的老师不仅是我，甚至可以说主要不是我，而是我带到他们面前的那些古今中外的作者。我常常说，要让他们看到江河奔流入海的样子，母语的江河浩浩荡荡，取一瓢饮，还是挑一桶回去，取决于他们拥有的器皿和能力。相同的课程，不同的孩子，来自不同的学校，特别是不同的家庭环境，决定了他们有不同的造化。我遗憾的是我只能在他们课余一点极为有限的时间，跟他们一起与世界对话。尽管如此，他们的变化已大大超出了我的预料，对此我十分欣慰。

不久前，在"与沙对话"的课后，七年级的叶悠然和陈天悦写出了这样的文字——

……历史是一个沙漏，里面的沙子漏下去，漏下去，一个时代就结束了；再把沙漏倒过来，同样的沙子也漏下去，漏下去，新的时代又开始了。……

当人民"无穷"：既无且穷时，就会沉默有力地将历史的沙漏颠倒。所以人的本质是沙子，我们即为无穷。沙是无穷小，而由沙子构成的世界是无穷大。我的手中有一捧流沙，此刻无穷在我手心，刹那成永恒。

沙子中有什么？又一个追问。

我答："有无穷。"（《无穷》叶悠然）

风从海上来，卷起了沙。

……起风了，也许撒哈拉沙漠就近在耳旁。……我想专心做一个堆沙堡的孩子，听听宇宙神秘的呼吸，感受塔克拉玛干赤诚的温度。

风常常光顾，沙的世界转眼间成了一盘散沙。一代代的沙皇浮现，小人也如虫沙。一阵风来，历史仿佛就在眼前。……

大漠之中，谁又曾明白哪粒沙叫艾青，哪粒沙叫白荻？哪粒沙在笑，哪粒沙在哭？哪粒沙在随风赶路，哪粒沙又安于现状？

……我忽然明白，一粒沙广阔如撒哈拉沙漠，一阵风大于太平洋。……在沙子面前，愚人成为诗人，匆促者变得悠闲，渺小成为永恒。风起，专心去数飘忽不定的沙粒，就顾不上星星。（《起风了》陈天悦）

悠然四年级就开始在线上跟我上课，天悦来得晚，五年级第一个学期以后才来，我们见面主要是假期一起出去游学。但她们很用心，六年级开始突飞猛进。像这样的孩子还有一批，如袁子煊，我们最早相遇是四年级他来南京跟我游学那次，当时他还懵懵懂懂。现在他已七年级，一个多月前，他在"与土地对话"课后写了一篇《土笛》：

> 土地像一支土笛，唱着沉稳、结实的歌。这首歌也许很土，声音却不低。
>
> 最初，土笛里的歌是轻快、活泼的。那时的土地上只有一朵朵小野花肆意地开放，一棵棵野草如歌生长。这时的土地像一首诗——一首白话诗，把美通俗地写在自己的脸上。溪水流过，把这首诗冲向远方，于是整片大地都把美放在自己的身体中。
>
> ……土地让一切随意甚至杂乱地生长，这看似是一种自由的美，土笛的笛声却告诉我："实际上秩序不在土地的范围之内。"
>
> …… 再后来，土笛声……土笛声呢？消失了！所有土笛的声音都在水泥下出不来了。
>
> 汽车驶过，行人走过，土地在下面哭泣，可谁又听得见呢？鸟儿曾经爱土地爱得深沉，可如今它找不到土地，失恋了；雪花曾向往着土地，如今它看不见土地，失去了生活的方向……
>
> 我也看不见土地，但我知道，在我的脚下——土地深处，土笛还在唱着，唱着又结实、又沉稳、又土的歌。

比他们晚来的一茬也已"小荷初露尖尖角"，现在六年级的陈奕名在"与月亮对话"时想到了毛姆，写出了《六便士》：

> 海潮一点一点推走了月亮，月亮只来得及带走小小的六便士。
>
> …………
>
> 月亮依旧悬挂在旧诗坛的上空，有些戏谑地做人间戏剧唯一的观众，伸出美丽而苍白的手，递出六便士的门票，月亮卡在每一个乡下演员的心里，在心头烙下时间的徽章，时间对月亮来说本不算什么，月亮只是人生的看客，时间对月亮也只能一无所获，六便士也搜不出来，六便士早已成了月亮的灵魂，她只愿孩子手中最普通的六便士，陈旧地尘封在月亮心中的"广寒宫"里，把快乐送给孩子，把忧郁送给大人，第六枚便士即是月亮自己。
>
> 今天的月亮不会抄袭昨天的月亮，因为月亮美得一无所有，美得一清二白，赤裸裸地从眼前去远方……月亮像个懂诗的小孩，六便士摊开即是无穷无尽……

与她同班的逯朴，在五年级时，就在"与长城对话"课上写出了《长鞭》：

> 长城好长，像一条鞭子，弯弯曲曲，它被握在秦始皇的手里。这条鞭子可真长啊，也不知是多少人手拉手编成的。那些不听话的山，都被抽成了两段，一半是荣华，一半是屈辱。
>
> 我悄悄地把耳朵贴在城墙边，想偷听那千古长城的秘密。可是，我什么也没听见，只有夏虫在砖石缝间私语。我想，他们也许就是在木兰的织布机旁叫了一会儿的那几只吧，"唧唧复唧唧"，长鞭底下又将尘土飞扬；他们也在欧阳修书桌前的窗框上唱过，那是雄伟的合唱，钬钬铮铮，金铁皆鸣，为那些分成了两半的不听话的山而唱。
>
> 长城，你如一条长鞭，鞭打人们。长城，你难道不可惜这三十万生灵吗？即使你能阻挡敌人的侵犯，也无法阻挡岁月的流逝，你已是一条巨大威风的龙，可是伤痕遍体倒在地上，被秦始皇使用，就连藏在你一片片鳞甲之下的小夏虫，也不敢大声地唱，生怕惊醒了你。
>
> ……………

至于那些第一茬来到我这里的孩子，现在在读九年级的最多，也有几个是八年级的，现在他们每个月只上一课，但阅读量加大了。我们一起读唐诗宋词，读北岛的《城门开》、齐邦媛的《巨流河》、王鼎钧的《昨天的云》、胡适的《四十自述》等，也读布罗茨基的《水印·魂系威尼斯》、彼得·阿克罗伊德的《伦敦传》、雨果和茨威格等人有关滑铁卢战役的作品，最近在读洪业的《杜甫：中国最伟大的诗人》和冯至的《杜甫传》。

与初来时相比，他们就像换了一个人似的，这几年的人文积累，使他们笔端流出的不再是干涩的词句，而是有生命的活的象形文字，想象、审美、思想都已在他们的血管中流动着。最好还是读读他们自己的习作——

> 下一盘棋，扬州在东，金陵在南。蜀锦编织着辽阔的华西，丝绸之路从涂满厚重油彩的敦煌壁画向西北蔓延开来。长安站在曾经的世界中心，在一朵牡丹中盛开。黑白的棋子中，长夜与白昼交织着，长安十二时辰踩着鼓点，非黑即白的是唐；胡姬酒肆中放歌纵酒、肆意洒脱的是唐；城郊的院子里千朵万朵压枝低，五色斑斓的是唐。

这是金恬欣七年级时"唐诗中的唐帝国"一课的习作《对

弈》开头。

　　我感觉血管里流满了橘汁，风浪大作，舌尖为甘美的香气所占据。跳橘子舞吧！橘子的千瓣在展开，我把意识浸泡在绽出的橘汁里，意欲获得橘味的思想，从而探索时间的奥秘。

　　此时此刻，一滴橘汁滴落，使我清醒，并画上完美的"橘"号。

　　这是黄若瑜六年级时"橘子的世界"一课的习作《橘有千瓣》的结尾，当时读的是沈从文的《长河》、琦君的《橘子红了》。

　　今年元旦，我们读夏志清的《中国古典小说》，九年级的付润石以《标点符号》为题写下他的回应，开头两段是这样写的：

　　那时的中国，白纸黑字中还没有标点符号，竖式排版，自右而左，每一个汉字都是一个表情、一丝喜怒，嬉笑怒骂、阴晴圆缺的人物走出想象的世界，而胡适他们带来的西方的标点符号，感叹疑问、上引下引、冒顿句分，小说中国才开始滔滔不绝，讲述它的历史，它的想象，它的抒情。

标点符号就是有中生有，给刚而自矜的关羽留下一个感叹的注脚，在他斩华雄归来的三分壮志中添一分其酒尚温的豪情，给西天取经的玄奘留下一个扑朔迷离的身份，在真诚之余画上柔弱无能的一面，在曲折迂回的取经路上加一个更为曲折的问号，有中生有变成无中生有，"言过其实"变成"锦上添花"。记录历史固难，想象历史亦不易，歌咏史诗固难，抒情描写亦不易，当古典小说遇到"，、。！？"……一切王侯将相，官史野史，并仙境幻想，雍容华贵便宛然其中了。

前些日子，读高尔泰的《寻找家园》，九年级的赵馨悦的习作以《沙》为题，这是"平沙万里"的沙，也是沙枣的沙，随意摘一段吧——

雕刻文字的人，大多不会选择沙子，因为风一吹，沙子就四散，奔逃，只留下作者，呆呆站立在沙中不知所措。不幸的是，他的日记如沙，笔迹如沙，他的影子如沙，他为了他的沙之书，那本像沙子一样没有开始、没有结束的书，直至他的眼中夺眶而出的是沙，心里流泻不已的是沙。看似一盘散沙，但在沙子柔软的外表下，却有一颗石头的心……

　　我读这些少年的文字，仿佛听见了他们的心跳，我和他们从岁月中一路走来，看着他们一点点变化，从内到外，从文字到精神气质。在一个粗鄙的年代里，他们却在那些仿佛从土地中长起来的美好母语中获得滋养。照席勒的说法，他们也变成了一个个少年"审美共和国"。美的教育无古无今、亦古亦今，庄子说"天地有大美而不言"，但人类需要将这种美说出来，不管是天地的大美，还是日常生活中的小美，美是人类最初的追求，也是最终的追求。如果教育是为了寻求人之为人的最高价值，那么只能从美育入手。从更深远的意义上说，自然科学追求的也是美。

　　我想起法国科学家彭加勒的话："那些更深邃的美来自各部分和谐的秩序，而且它能为一种纯粹的智慧所掌握。理性的美对自身来说是充分的，与其说是为了人类美好的未来，倒不如说，或许是为了理解，为了理性美本身，科学家才献身于漫长和艰苦的劳动。"

　　也只有美可以贯穿一切学科，跨越东西方。

2022 年 4 月 25 日

目录

第二辑 寻找"童子六七人"

第三辑　寻找纯正母语

附　录

第一辑

寻找好的教育

什么是好的教育？

——给家长的一封信

小含妈妈，你好！

你问我什么是好的教育，有许多人在问这个问题，我也常常想这个问题。上个月我独自去了一趟日本，日本最吸引我的是两个人，一个是 20 世纪的画家东山魁夷，我少年时读到东山魁夷的散文《一片树叶》，深深地喜欢上他，后来读了他的不少散文，那时候我其实没有见过他的画；另一个是 19 世纪的教育家、思想家福泽谕吉，就是日本最大面值的纸币一万日元上印着头像的那位，出发时，我还特意带上了一本他的小册子《劝学篇》，在旅途中重读。

此书开篇有一句话："天不生人上之人，也不生人下之人。"教育是为人类预备的，也即是为"人中之人"的身心发展而预备的，首先就是为了养成人们的独立精神。他创办的那个小小的庆应义塾，而今已发展成在世界上有影响的庆应义塾大学。我到了早稻田大学，校门外的石头上刻着创始人大隈重信手定的三大教育宗旨，首先就是学问独立。没有学问独立，当然发展不出独立精神。独立，是教育的起点，教育就是要将一个童稚、蒙昧状态的人，养成一个独立而有认识美、善、真能力的人，当然也是能享受这一切的人。真正的教育从来就不是生物学意义上的，主要不是为了谋生而存在的，而是寻求人之为人的价值，是有限的人在有限的时间中求问无限价值的管道，通过教育，让人更有可能超越自身的生物性限制，从而获得对人和人所在的这个世界更确切和实在的理解。若不是如此，教育存在的意义也就十分有限。基于此，教育的目的始终不是简单的知识传递，而是建造价值。

教育的过程是缓缓展开的，如同一棵树的长成。教育不是一场战争，不是激烈的角逐，而是生长，自然的生长。当教育被狭隘化，变成知识碎片的游戏，教育的本质就被忽略了。我记得我儿子上小学时，有些语文练习题的难度很大，不像是语文，倒像是脑筋急转弯，比如："最长的一天"，答案是"度日如年"，如果回答"日久天长"之类都是错的；"最高的地方"，答案是"至高无上"，如果回答"高不可攀"之类，也都错了……我当时曾写了一篇评论《语文不是脑筋急转弯》，登在《南方周末》上。

碎片化的知识训练强调的是标准答案，往往不重启发、熏陶，不呵护天真和童趣，久而久之，一个孩子的想象之门就会被关闭。从课文来看，充满童趣和想象的课文也少，老师是这样被铸造出来的，常常也只能用相同的方式来对付他的学生。而一个好的老师，不是要扼杀一个孩子的想象力，而是想方设法打开孩子的想象力，让他们在课堂和课外的嬉戏中，处处都找到新的可能性，在与世界万物的对话过程中，不断地拓展他们的想象力，而不是限制他们的想象力。失去了想象力，人类文明就停滞了。自古以来，历史向我们呈现出来的画面就是，大凡具有创造力的人，都是想象力没有被抹杀的人，不仅诗人需要想象力，艺术家、科学家和其他领域的人都需要想象力。

好的教育，不仅要激发人的想象力，还要启发人的理想、希望和意志。长期担任北京大学校长的教育家蒋梦麟曾经说过这番话：

"理想、希望和意志可以说是决定一生荣枯的最重要因素。教育如果不能启发一个人的理想、希望和意志，单单强调学生的兴趣，那是舍本求末的办法。只有以启发理想为主，培养兴趣为辅时，兴趣才能成为教育上的一个重要因素。"

曾几何时，理想、希望、意志这些词已离我们的教育越来越远了。我们的教育中强调的总是作业、考试、成绩，做不完的作业，令人保持高度紧张状态的考试排名，给人的引导就是唯有考分是决定一切的。教育变成了一个竞技场，一个与战场一样随时论胜负的地方。随时都像是临战状态带来的焦虑弥漫在广大家长当中，成为一种时代性的焦虑。

你的孩子只有六岁，你就已为孩子未来的教育陷入了焦虑当中。在这种普遍性的焦虑中，一方面大家也想让自己的孩子按其天性去发展他自己，有快乐的童年、少年时光，但另一方面见到别人家的孩子都送到各种各样的培训班、兴趣班，又生怕落后，巴不得把孩子的所有课余时间都填满，以补学校教育之不足，或强化学校教育中所强调的部分。这是以最大限度地占有孩子的肉体、也就是占有其时间为代价的，而全然没有顾及他心灵的需要。

我想起一个社会学家说的话，文明是闲出来的。闲暇的时光，就是留白，就是给足自由呼吸的空间。如同中国画强调留白一样，教育是需要留白的，或者说好的教育就是留白的教育。留白，让人可以有时间、有机会去想象、去思考，理想、希望也慢慢培育起来了。徐志摩在剑桥大学的两年，他曾用一个"闲"字来形容，读了不少闲书，说了不少闲话，夕阳下的金柳，河水中的云影，最后激发了他的灵感。同样的夕阳、云影、草坪、河水，也陶冶过牛顿、达尔文这些人。我特别喜欢一个说法，留白中的空白，即使是一片无意义的空白也是好的，而不要像油画一样，填满整个画面，密不透风。

教育不是要填满孩子所有的时间来提高孩子成绩，相反，是给予孩子一些自由支配的时间，让他去阅读，去亲近自然，去玩耍，甚至什么都不做，让他的身心（或者说肉体和灵魂）有一些放松的时光，让他独立地找到方向。昨天晚上，我看到一个故事，一个人以升学为目标，一路从重点中学、重点大学杀上来，直到获得博士学位，最终他失去了方向感，因为过去一直在既定的轨道上努力，目标清晰，等到轨道到头，需要他自己确定往哪里去的时候，他几乎已丧失了这种能力，变得无所适从。

十多年前，华东师范大学心理咨询中心曾经对新生做过一次调查，随机抽取了294名新生，调查结果显示，27%的学生是走一步看一步，没有任何短期或长期的打算；过半的学生有短期的打算，但集中在学习、打工、社会实践这些方面；只有39%的学生有较为长期的打算，也是集中在读研、出国和就业这几方面。负责这项调查的心理咨询中心负责人说："不少新生把高考当成了自己的终极目标，以为进了大学后就可以停止人生的追求，从而失去了努力的方向。"试问，这个时代到底有多少孩子将考上大学作为人生目标？等到这一步完成，他们就彻底松了一口气，什么也不想做了。这到底是教育的成功，还是教育的失败？

美国哲学家威尔·杜兰特在95岁高龄时写了一本《落叶》，有一章专论教育，他说："最具价值的教育便是要让肉体、灵魂、公民和国家了解他们和谐生活的所有可能。三个基本好处可以确立教育的目标：第一，通过健康、性格、智慧和科技控制生活；第二，通过友谊、自然、文学和艺术来享受生活；第三，通过历史、科学、宗教和哲学理解生活。"简而言之，教育无非是为了更好地控制生活、享受生活、理解生活，所有学科的设置都是围绕着这些目标的，而不是相反。如果教育偏离了这些目标，那是教育出了问题，伤害的还是人的生活，通过接受教育，本来是要提升我们的生活质量，而不是要让我们被教育所困扰，变得焦虑不安。人的一生其实很短暂，没有人能天长地久地活在世界上，说到底，每个人都是地球上的寄居者，一个行色匆匆的过客，人如何才能诗意地栖居于大地之上？教育难道不是为了帮助人类实现这样"诗意地栖居"吗？我又想起《论语》中的那幅画面："莫春者，春服既成，冠者五六人，童子六七人，浴乎沂，风乎舞雩，咏而归。"

孔夫子喟然叹曰："吾与点也。"

好的教育是美的教育，那是一个发现美、享受美、理解美的过程。如果没有对美的渴慕，最初的教育就不会发生。有人误以为，美只是在语文、音乐、美术中才有，似乎英语、数学、物理、化学、生物中没有美，其实在每一门学科中都包含了人类对美的追求和肯定，古今中外的文学和艺术作品都包含美，即使抽象的冷冰冰的物理公式中也浸透了美。一位天体物理学家曾经深情地说："物理之美，可以纯净到崇高的地步。追求美，追求喜悦，追求精神上的发扬，是许多科学家从事研究的直接动机。包括天文学、物理学在内的自然科学具有反差极强的两面：实用性的技术开发；艺术性的对于美的追求和创造。……二者是同一事物的两面。"

在牛顿、爱因斯坦他们的眼里，那简明的公式无疑就是洞察了宇宙奥秘的美的表达，化学分子式也是对万物之美的抽象概括，它们与文学、音乐和绘画一样，都是指向美的。如果没有这一渴慕美的动力，教育是枯燥乏味的，也是无聊无趣的，正是美使这一切活了过来。

如果教育的过程中充满了与美相遇的可能，教育还能让人焦虑吗？威尔·杜兰特先生如此论述："教育包含两个过程，这两个过程相辅相成。在一个过程中，人类向成长中的个体传递了代代积累的丰富遗产，包括知识、技艺、道德和艺术；在另外一个过程中，个体将这些遗赠用来发展其自身的能力，丰富生活。……教育是使生活日臻完善的过程，也就是用人类的遗产充实个人。如果这一传递和吸收的重要过程被中断半个世纪，那文明就将消亡，我们的子孙将比野蛮人还要原始。"

从文明传递和个体生活的意义上去理解这一切，这是对教育清晰透彻的见解。关键在于，家长能不能以平常心去看待孩子接受教育的过程，能不能以超越功利的眼光去看待这个过程，不做加法，至少让孩子在成长过程中，不会因为家长的焦虑、压力而增加负担，最大限度地保护他的天性，保护和涵育他的想象力、审美趣味，他的理想、希望、意志，让他的翅膀能慢慢地展开，最终飞起来。毕竟教育是围绕生活的，是为了控制生活、享受生活、理解生活。教育不是要脱离生活，恰恰是为了丰富生活。

因此之故，好的教育还应该是有感情的教育。爱因斯坦在《我的世界观》中说过的那句话令我念兹在兹："在人生的丰富多彩的表演中，我觉得真正可贵的不是政治上的国家，而是有创造性的、有感情的个人，是人格……"教育不光是要造就有创造性的个人，同时要造就有感情的个人。感情，应该渗透在整个教育的过程中，师生之间，同学之间，在共同的问学过程中建立起的感情，个人在长期的阅读和生活中体悟到的人类感情，都是教育希望达成的目的之一。1923 年 5 月，蔡元培先生到了上虞白马湖畔，给春晖中学的师生演讲时指出："人生在世，所要的不但是知识，还要求情的满足。"

写到这里，我发现这封信几乎都在说理，没有对你的焦虑给予同情之理解，没有与焦虑的人同焦虑。或者说，我说的这些都太理想化了，与现实的落差太大，压根就帮助不了你，真是十分抱歉。但细一想，既然你问——什么是好的教育，我就得把我所理解的好的教育告诉你，好的教育当然是一种理想，如果连理想都不说了，那还谈什么好的教育？只要在不好的教育里苟安、苟全就可以了。理想的存在就是要彰显一种更高、更有价值的标准。

　　尽管我知道，在一个物质主义的时代里，这些词都是被忽略甚至被轻蔑的，但这又有什么关系？物质主义看到的只是暂时的肉体的需要，它没有顾及人类心灵深处对更美好事物的在意和向往。毕竟，教育中隐藏着无数的不确定性，不是在固定的火车轨道上前行，孩子成长、成人的过程更是充满变数。

　　印度诗人、教育家泰戈尔四十岁开始办学，对教育有着自己独到的理解，他以为，一所好的学校不仅要让人获得知识，也获得尊严，获得忠诚，获得力量。还是回到泰戈尔、福泽谕吉、蒋梦麟、威尔·杜兰特他们的起点吧，好的教育并不是要去寻找什么高深莫测的说辞，不需要一堆一堆的形容词去装饰，而是一些质朴而简明的见解，从生活中生长出来的可以触摸的见解。正是他们的存在，让教育始终保持了一种理想气质，而非不断地向现实屈服，无条件地认同"现实的就是合理的"，从而失去对更高价值的肯定和寻找。

　　随着年龄的增加，我几乎对批评现实的教育失去了兴趣，我更渴望明白理想的教育本来的样子。有这样的标准和尺度在，就让我们有所期待，有所盼望，至少人类几千年的文明史上,乃至离我们并不久远的百余年来,就有人追求过这样的标准和尺度,今天还可以继续追求,而这种追求本身就是美的、善的、真的。愿这些话给你些许的安慰。即问冬安!

傅国涌

2018 年 1 月 19—22 日

成为"文明的孩子"

——给童子的一封信

语点，你好！

再过几天就是你十岁的生日了，正如童子班的一位同学说的，"时间像子弹一样穿膛而过"，我想给你写封信，和你谈谈学习。学习到底为什么？不同的人会给出许多不同的答案，我正在读1987年诺贝尔文学奖获得者布罗茨基的一本书，书名叫《文明的孩子》，这是个明亮而温暖的书名，让我想到学习不就是为了更好地成为文明的孩子吗？一百多年前，中国最流行的国文课本《共和国教科书》小学二年级第一课《读书》，其中说："学生入校，先生曰：汝来何事？学生曰：奉父母之命来此读书。先生曰：善。人不读书，不能成人。"

"人不读书，不能成人。"究竟要成为什么样的人？不就是成为文明的孩子吗？文明的孩子，即获得人类已有的知识、智慧和美的遗产，享受这些遗产，并能服务人类的人。所以，学习的第一步就是要打开一个文明的视野，看见一个更辽阔的世界，一个超越眼前的现实限制，超越地理的限制，甚至超越物理时间的限制，一幅纵横于古今中外的大画面。还记得我在去年秋天童子班开班仪式上讲的那番话吗？我说，知识固然重要（这里说的知识，当然是指已知的现成的知识），但在一个搜索引擎的时代，一个借助工具可以快速查阅的时代，毫无疑问它不是最重要的，比知识更重要的是方法，一旦掌握了学习知识的方法，你就可以在更浩瀚的知识海洋里游弋，可是还有比方法更重要的，那就是你拥有一个广阔的视野。

我少年时听说王国维先生的"治学三境界"，第一个境界就是"独上高楼，望尽天涯路"，只有站得高，才能看得远。如果你日复一日，都陷在零零碎碎的知识点中，看似学了很多，知道了很多不同学科的知识，那不过是只见树木不见森林，结果还是被那些知识点所束缚，看见的不是一个真实、完整、广大、辽远的世界，而可能是一个被抽离出来的、用来应付升学的虚幻世界。

开阔视野，这是成为文明的孩子所要迈出的第一步，走向精神成人的第一步。二十年前曾经很流行的一本书《学习的革命》开篇就指出："在几乎一切都可能的世界里拓宽你的视野。"

我开的课之所以叫做"与世界对话"，首先就是基于这样的考虑，面对日月星辰、草木虫鱼、山水人物，无论宏观的还是微观的，在与它们（他们）对话的过程中，你的视野会越来越开阔，你的世界将越来越大，你不再是过去的那个你，你一天天融入自然和人文世界当中，一个由世世代代的文明积累造成的世界中，你依靠的不是你一个人的聪明才智，而是一次又一次地站到前人、他人的肩膀上去眺望世界，你可以沿着李白、王维、梭罗他们的想象去想象自然山水的神奇，你可以沿着牛顿、康德、爱因斯坦他们的思考去思考星空的奥妙，你可以沿着柏拉图、席勒、爱默生和宗白华他们的踪迹去寻找美的秘密……说白了，你不是一个人在学习，不是一个人孤零零地面对世界，你是和数千年来跨越不同文明区域的巨人们站在一起，从《诗经》到《荷马史诗》，从歌德到泰戈尔，从达·芬奇到乔布斯，从马可波罗到徐霞客，从牛津、剑桥到西南联大，东西方的想象、智慧和美都会在课内课外、早晨和黄昏让你变得充盈而丰富，你不断地与不同时间、不同空间中刹那间照亮过文明史星空的人对话，与日月星辰山水花鸟虫鱼的对话，其实也是在与他们对话。下一次，我们"与树叶对话"时，不仅要靠近日本画家东山魁夷那颗敏感而柔软的心灵，还要倾听达·芬奇的诉说，他对树叶细致入微的观察，树叶与光的那种对话。他们的生命体验也将融入到你幼小的生命中，帮助你在不知不觉间成为文明的孩子。

你还记得，我在童子班开班仪式上接着说过，在视野之上还要有理想、希望和意志，那是曾长期担任北大校长的教育家蒋梦麟先生提出来的。少年当立志，你马上就要十岁了，在你面前缓缓展开的人生画卷将会是怎样的一幅画卷，在根本上还是取决于你的理想、希望和意志。这三者相辅相成，缺一不可，它们是"决定一生荣枯的最重要因素"。如果你的理想、希望和意志没有被唤起，仅仅有学习兴趣还是不够的，不足以成为你不断前行的动力。成为一个什么样的文明的孩子？一个有着健康的身体和健全的心智，心中对真、善、美有着热切追求，一个对未来充满想象，一个凡事能独立思考、能做出独立判断而不是人云亦云的人，一个未必身居高位却心怀高远的人，一个在物质上未必豪富却是精神上富足的人，一个脚踏实地、在自己的领域里努力耕耘的人。文明的每一进步都是这样的孩子造成的，我多么期待你成为这个行列中的人。

你是一个对世界怀抱好奇心的孩子，在你的眼睛中我常常看见你的渴望，你强烈的求知欲，在你不无稚嫩的表达中我也常常读出你对未知世界的憧憬。接下来的时间，在你的成长岁月中，我想，对你和其他的童子来说，在开阔视野的同时，重要的是不断地提升你们的审美力、思想力，进一步打开你们的想象力。审美是人类认识世界的重要起点，近日我重读德国哲学家伽达默尔的《真理与方法》，他谈到古希腊哲人柏拉图对美的认识："美的事物就是那些其价值自明的东西。我们不可能询问美的事物究竟用于何种目的。它们之完美全然只同自身有关，而不像有用的事物只是为着其他的目的。""柏拉图用尺度、合适性和合比例来规定美，亚里士多德则把秩序、恰当的比例性和规定性称为美的要素，并发现这一切在数学中以典范的方式存在。数学的美的本质秩序和天体秩序之间的紧密联系具有更广的含义，它说明作为一切可见秩序的典范的宇宙同时也是可见领域内美的最高典范。"

美的概念和善具有密切的关系，"因为善也是为自身而被选择的东西，是目标，并把其他一切都归属为有用的手段。而美的事物则决不能被看作是为其他事物服务的手段。"中世纪时干脆用"善"来翻译古希腊的"美"。

"美就表现在对善的追求之中。对于人类灵魂来说，美首先就是善的一种标志。……美是直接使人喜爱它，而人类德行的主要形象在昏暗的表现媒介中只能模糊地认出，因为它并不具有自身的光，从而我们经常为德行的不纯的模仿和假象所欺骗。但在美这儿，情况就完全两样。美自身就有光亮度，因而我们不会受到歪曲摹本的欺骗。"

这些话也许你现在读来还有点不好明白，你只要相信美的自身就有光亮，它能照亮自身就够了。而美、善和真是统一的，不断提升对美的认识，也是对善和真的认识，这不是抽象的，而是具体而活的，需要用一生的时间慢慢地去体悟。

今天的学校教育常常忽略美，或者将美狭隘化，将美归于美术、音乐这些学科，或者将美从科学中完全抽离出来，甚至连语文课也用大量的重复抄写和支离破碎的练习题，将美隔离了。一句话，将美放在了无足轻重的地位上。

此时，爱默生的那句话又浮出来，我想你一定也记得："宇宙的存在就是为了满足人类灵魂上爱美的欲望。"

离开了美，这个世界是不值得过的，有人说，用美拯救世界。其实，美原来就是世界的本质，也是人类源源不绝的追求。我们与世界的对话，本质上也可以看作是与美对话。一个文明的孩子，当然是一个爱美的孩子，一个美的孩子。

趁着你还年少，有大把大把的时间，只要你有了一颗美的心灵，就可以尽情地去寻找美、发现美，在自然中，在艺术中，在科学中，不断地遇见美、享受美，总有一天，你也能创造美，并与世界分享你的创造。这当然需要足够的想象力。"想象力比知识更重要，因为知识是有限的，而想象力概括着世界的一切，推动着进步，并且是知识进化的源泉。"不知你还记得爱因斯坦的这句话吗？

少年爱因斯坦就是一个有想象力的孩子，他在 67 岁时写下的自述中，回忆自己的少年时代，他说："当我还是一个相当早熟的少年的时候，我就已经深切地意识到，大多数人终生无休止地追逐的那些希望和努力是毫无价值的。而且，我不久就发现了这种追逐的残酷，这在当年较之今天是更加精心地用伪善和漂亮的字句掩饰着的。每个人只是因为有个胃，就注定要参与这种追逐。而且，由于参与这种追逐，他的胃是有可能得到满足的；但是，一个有思想、有感情的人却不能由此而得到满足。"

作为一个有思想、有感情的人，还在他少年时就开始明白，"在我们之外有一个巨大的世界，它离开我们人类而独立存在，它在我们面前就像一个伟大而永恒的谜，然而至少部分地是我们的观察和思维所能及的。对这个世界的凝视深思，就像得到解放一样吸引着我们，而且我不久就注意到，许多我所尊敬和钦佩的人，在专心从事这项事业中，找到了内心的自由和安宁。在向我们提供的一切可能范围里，从思想上掌握这个在个人以外的世界，总是作为一个最高目标而有意无意地浮现在我的心目中。"他十二岁时就被欧几里得关于平面几何的一本小书所吸引，难道我们不能说作为一个物理学家的脚步那时就已迈出了吗？他对那个"伟大而永恒的谜"的想象，将他引到了这条通往未来的路上，他站到了文明的前沿。

毫无疑问，牛顿、瓦特、李白、达·芬奇、哥伦布、达尔文、莎士比亚、亚当·斯密……都是有想象力的人。看见苹果落地，悟到万有引力的却只有牛顿。看见沸水的蒸汽而悟到蒸汽机的只有瓦特。因为想象力太神奇了，我甚至认为给想象力下任何定义都是给它的限制。不仅文学艺术需要想象力，自然科学也需要想象力，同样社会科学也需要想象力。人类天生就是具有想象力的，只是后天接受的教育常常限制了它，以致爱因斯坦曾经感叹说："干扰我学习的唯一因素，就是我的教育。"刻板、机械的循规蹈矩，一成不变的标准答案，逐渐将每个孩子的想象力卸载了，最终变成千人一面的标准件，这是一个多么可怕的结果。

我在这里说的想象力与好奇心是相通的，剑桥大学教授、人类学家麦克法兰在写给外孙女莉莉的信中说："每一个孩子必须是一个很不坏的科学家，才能生存下去。但是孩子长大以后，求知欲和好奇心时常泯灭，或因为外界的压力，或因为内心的感觉——已经知道答案啦。儿童、画家、诗人、科学家，都是满怀好奇心和惊异感，喜欢设法答疑释惑的人。……在追求知识的过程中，儿童利用自己的天生智力，音乐家汲取他所在社会的累积音乐遗产，自然科学家采取数学等多种手段。科学往往是累积的，知识是可以检验的，问题是开放和永无终极解答的，这三个特点结合起来，可信知识的发展便有了潜力。"

正因为问题是开放和永无终极解答的，想象力变得尤为重要。保护你的想象力吧，在你成为文明的孩子路上，不要让你的想象力沉睡，我不知道你将来从事什么职业，在哪个领域发展，但我们相信无论做什么，一个有想象力的人才能做得更好，想象力就像是翅膀，让你可以飞起来。

与审美力、想象力并存的还有思想力，三者之间有交叉又有区分，思想力的提升首先是养成独立思考的习惯，不要被已有的成见所限制，不断地追问为什么，大胆怀疑，小心求证，如果躺在现成的答案上，不使用自己的脑子认真地思考，始终被他人、前人牵着鼻子走，绝不可能提升思想力，也不可能成为一个健全、合格的文明的孩子。一个文明的孩子，首先不是用考试的分数来衡量的，那充其量只是副产品，而不是目的本身。随着一个人的审美力、想象力、思想力不断提高，表达力也自然会提高，换言之，与世界对话的能力将越来越强，这个世界在你面前不再是一个压得你喘不过气来的庞然大物，你也不至于对这个世界视而不见，只是活在你自己的日常生活当中，你与世界、世界与你，将成为一种美不可言的关系。你，文明的孩子，和布罗茨基一样站在世界面前，尊严而谦卑，不管你生活在世界哪个角落，你个人的处境如何，也不管你有没有深度的发现，你都是一个大写的人，超越了有限肉身而融进了文明人类之中的一个人，这是多美的人生，也是学习真正的乐趣所在。在你生日到来前夕，我写下这些话，祝你生日快乐！

也同时抄送给其他的少年人。

傅国涌

2018 年 6 月 15 日

给孩子留白

——童年的植物性生长秘密

人的植物性力量存在于童年之中

比利时作家弗朗兹·海伦斯曾说过:"人的植物性力量存在于童年之中,这种力量会在我们的身心中持续一生。"这句话深深打动了我。我从海伦斯的这句话看到了"留白",因为植物性力量就是从"留白"里来的。而留白需要的是空间和时间,教育就是要在时间和空间上给孩子的童年和少年留白。

童年的植物性力量不会从天而降,需要去发现去寻找,为此需要空间和时间上的留白。今年元旦,我在给国语书塾童子们的新年祝词中提到,请各位家长高抬贵手，放过孩子，不要把属于未来的孩子的时间填满，为他们的童年、少年留白；不要再让他们读那么多培训班，培训班不能决定人生的高度，它最多只能铺垫人生的低度。一个被各种培训班填满的孩子将不会有更好的未来。

留白本身就是意义

我们一直说，教育是一种留白。那么，留白是为了什么呢？

刘再复在《童心百说》中说："我虽不完全了解海伦斯的'植物性'内涵，植物永远平实与清新，它是植根于大地并和大地连成一体的没有侵略性和攻击性的力量，是天然而经久不衰地播放着花叶芳香的力量。人一旦丧失天真，便是丧失植物性。"

我不愿意成为一个老人，虽然我已54岁，我仍然想成为一个小孩。因为我身上一旦丧失了童年的植物性，我就死了——虽生犹死，我的创造力没有了，我活在世界上的意义就消失了。

好的教育和油画不一样，油画把画面撑得满满的，好的教育更像中国画，它需要更多的留白。这个道理是我在剑桥大学的草坪上悟到的。如果你去过剑桥大学，你就会发现每个学院都有一个草坪，大的像云，小的像池塘，那叫空间的留白。

比空间上留白更重要的是时间上留白，没有时间的留白就没有真正的留白。留白，用来做什么呢？可以写诗、画画，踢球、爬山，更可以自由想象。在美学家宗白华的少年时代，他的留白是看云，甚至想做一个"云谱"，区分汉代的云、唐代的云，或抒情的云、戏剧的云。在小说家汪曾祺的少年时代，他的留白也是看天上的云，常常嘴里含一根草……留白甚至也可以是一片无意义的空白。你给孩子一天留三十分钟的白，不要告诉他做什么，他甚至可以什么都不用做，只是发呆。

留白就是留白，有的时候，留白本身就是意义。留白的教育，不是不读书的教育，恰恰相反，就是要利用时间上的留白，让孩子去读更多真正有价值的书。

三封家书：曾国藩、梁启超、傅雷

……是以往年常示诸弟以课程，近来则只教以有恒二字。所望于诸弟者，但将诸弟每月功课写明告我，则我心大慰矣。……以后写信，但将每月作诗几首，作文几首，看书几卷，详细告我，则我欢喜无量。诸弟或能为科名中人，或能为学问中人，其为父母之令子一也，我之欢喜一也。……

学问之道无穷，总以有恒为主。兄往年极无恒，近来略好，而犹未纯熟。自七月初一起至今，则无一日间断。每日临帖百字，抄书百字，看书少亦须满二十页，多则不论。自七月起至今，已看过《王荆公全集》百卷，《归震川文集》四十卷，《诗经大全》二十卷，《后汉书》百卷，皆朱笔加圈批。虽极忙，亦须了本日功课，不以昨日耽搁而今日补做，不以明日有事而今日预做。诸弟若能有恒如此，则虽四弟中等之资，亦当有所成就，况六弟九弟上等之资乎？

……兄日夜悬望，独此有恒二字告诸弟，伏愿诸弟刻刻留心。幸甚幸甚。

这是曾国藩写给弟弟的一封信，强调了"有恒"二字，有时间上的留白，才能日复一日坚持读书，也就是"有恒"。从"无恒"到"有恒"，前提就是留白。

曾国藩以家书传世，中国人常说一个大家族三代便要没落，曾家却绵延八代而不绝。曾国藩有三个儿子和六个女儿，大儿子曾纪泽是与俄人力争、令其交还新疆伊犁的著名外交家，小儿子曾纪鸿是数学家，小女儿曾纪芬嫁给浙江省巡抚聂缉椝，她的儿子是大名鼎鼎的实业家聂云台。直到现在，曾家的后代依然英杰辈出，从教育家、翻译家、化学家到考古学家、农业学家、导演，可谓人才济济。

这只是曾国藩家书中普通的一封，却有着恒久的价值。每日忙碌的人怎会有时间读书？曾国藩还说过，一个家族想要一直兴旺，就要出贤子弟，六分靠天生，四分靠家教。对于家教，他总结了四个字：勤、诚、朴、忠。勤，是指勤于读书，勤于做事；诚，则是诚恳、诚意；朴，朴素、朴实，脚踏实地；忠，便是忠心耿耿。

曾国藩一生忠于什么？一是忠于大清皇上，二是忠于中国文化。我们今天忠于什么？一是生生不息的中华民族和中华文明；二是人类文明。这两个"忠于"就高于曾国藩的"忠于"，不是曾国藩比我们思想层次低，而是时代不同了。

第二封信出自梁启超先生。梁启超先生共有九个子女，各有所长，被誉为"一门三院士，九子皆才俊"。长子思成，著名建筑学家，1948年第一届中央研究院院士。次子思永，著名考古学家、人类学家，1948年第一届中央研究院院士。五子思礼，火箭控制系统专家，中科院院士。梁启超先生是参与创造了历史的人，也是思想家、学问家，在哲学、文学、史学、经学、法学、伦理学、宗教学等方面都有建树。

在一封《致孩子们书》中，他这样说：

> ……思成和思永同走一条路，将来互得联络观摩之益，真是最好没有了。思成来信问有用无用之别，这个问题很容易解答，试问唐开元、天宝间李白、杜甫与姚崇、宋璟比较，其贡献于国家者孰多？为中国文化史及全人类文化史起见，姚、宋之有无，算不得什么事，若没有了李、杜，试问历史减色多少呢？我也并不是要人人都做李、杜，不做姚、宋，要之，要各人自审其性之所近何如，人人发挥其个性之特长，以靖献于社会，人才经济莫过于此。思成所当自策厉者，惧不能为我国美术界作李、杜耳。如其能之，则开元、天宝间时局之小小安危，算什么呢？你还是保持这两三年来的态度，埋头埋脑做去了。

对孩子的未来不强求，是梁启超先生家庭教育的一个核心理念。他知道，不是每个人都做得了李白、杜甫。

更关键的是，在他看来，李白、杜甫比姚崇、宋璟重要。这是历史早就告诉我们的道理，正是这样的格局，才成就了"九子皆才俊"，梁思成才成了建筑学领域的李、杜。

第三封信出自《傅雷家书》：

> 但杜（甫）也有极浑成的诗，例如"风急天高猿啸哀，渚清沙白鸟飞回。无边落木萧萧下，不尽长江滚滚来……"那首，胸襟意境都与李白相仿佛。还有《梦李白》《天末怀李白》几首，也是缠绵悱恻，至情至性，非常动人的。但比起苏李的离别诗来，似乎还缺少一些浑厚古朴。……写实可学，浪漫底克不可学；故杜可学，李不可学……所谓曲高和寡也。同时，积雪的高峰也令人有"琼楼玉宇，高处不胜寒"之感，平常人也不敢随便瞻仰。

这段话只是在比较李白、杜甫诗的风格、特点，却处处都有独特的审美体悟，既深入又浅出。

从傅雷家书，我们看到的是一个知识分子的见识、眼光、判断。父亲就是这样教小孩的。他的儿子傅聪最终成了世界级的钢琴家。哪怕他的父亲和母亲双双自杀了，儿子照样成大器。因为傅雷家书就是把这样的眼光、见识和判断，从小潜移默化地给了自己的孩子。

植物性生长的秘密是"取舍"

可以说，童年的植物性生长秘密就藏在这三封家书里。

第一是有恒，有恒就是有足够的"留白"去读书。

第二是有格局，不是鼓励子女成为姚崇、宋璟这样的人，而是追求成为李、杜这样的人。像梁启超这样的父亲站得高、看得远，不从功利着眼，而从孩子的兴趣、天分和更高远的价值着眼。

第三是有眼光，傅雷作为一代翻译大家，教孩子学会选择、判断，做一个有人文素养的人。这种人文性无疑高于工具性，铺垫了钢琴家傅聪未来的人生。

现在的家长巴不得自己的孩子成为世界上最厉害的全能冠军，样样都让孩子去学。但是，放眼全球，纵观五千年文明史，一个都没有，爱因斯坦不是，他只会拉小提琴，不会弹钢琴，他只是物理学家，不是化学家。如果都像现在的家长这样做，那就没有爱因斯坦、牛顿，没有李白、杜甫，只有阿狗、阿猫、张三、李四了。

我也理解，有时候确实没办法，这个世界上的办法常常就是没办法。有办法的人是谁？曾国藩、梁启超、傅雷。归根结底，植物性生长的秘密就是取舍。什么是取舍？有舍才有留白，如果什么都想要，那就没有留白了。

2021 年 3 月 27 日在杭州首届"留白"家长读书论坛上的讲话

根据录音整理

寻找与世界对话的支点

一

"对话"这个词最初在我心中生根还是少年时,偶然遇到俄国作家屠格涅夫的散文诗《对话》,那不仅是阿尔卑斯山上两座山峰之间的对话,也是人与自然、人与宇宙的对话。后来,又遇到日本画家东山魁夷的散文集《和风景的对话》,一个风景画家的心灵,不仅在他的画里,也在他的心灵里。

四年前,我开始与"童子六七人"一起读世界,我为自己的课找到了一个名称,就是"与世界对话"。古今中外,天上地下,从蚂蚁、蜜蜂、蜻蜓、蝴蝶到日月星辰，从山海水火到四季花开，从石头、沙、土到风云雾雨电，从墙、门、窗到枣子、橘子、苹果……什么都可以成为我们对话的对象。

四年来，我们大致上完成了"与世界对话"一百课，孩子们在与世界对话的过程中一天天长大。我一直相信，在支离破碎的知识点之上还有更为广阔的自然世界和人文世界，我常常带他们到自然中去，到人文历史的现场去，以天地为课堂，打破一切框架、锁链，自由地想象，自由地思考，自由地书写，在千姿百态的自然和人类文明丰厚的积累中汲取灵感，不断地拓宽自己的边界。

我渐渐清楚，与世界对话——决不是不着边际的、空对空的对话，而是拥有一个实实在在的支点。这个支点就是语言，就是我们的母语，以母语为支点，让孩子们在与世界对话的过程中，不断提升他们的认知能力、理解能力和表达能力。

我曾读过德国诗人格奥尔格的一句诗："语词破碎处，万物不复存。"三十几年过去了，我依然忘不了这句诗带来的震撼，德国哲学家海德格尔一再地抓住这句诗，来阐明语言的本质。语言点亮世界，万古长夜，有了语言，就如有了光。

但我的"与世界对话"课从来不是文学课，更不是写作课，而是以母语为中心的人文课。我看重课堂，更看重课外，没有课内课外的结合，不可能让一个孩子长出翅膀，站在人类文明的起点上去眺望过去与未来，日复一日地用自己的母语与世界对话，成为布罗茨基意义上的"文明的孩子"。

上一个春节期间，我们上了一课《与春节对话》，读了琦君的《压岁钱》《春节忆儿时》，老舍、梁实秋、张恨水、胡兰成等许多作家回忆小时候过春节的文章。六年级的陈天悦从琦君外公的银角子得到灵感，当夜写出的习作，就以《叮当》为题——

孩子们燃放爆竹的兴奋，肚肝叔叔调皮的计划，父亲慈祥的笑容……在琦君的脑海里不断撞击，响成了一片叮当声。转而又见口袋中的银角子，一跳，一响，掉进了无声的土里，从此，乡土与银角子都不再回来。我隐约听见她的哭声，他乡说故乡，年，对琦君来说究竟意味着什么？

银角子有十二枚，菜有十二盘，歌有十二首，串起一年的经历。十二分的年味，两分吃，两分穿，两分忙，余下六分归于玩。什么是银角子，什么就是年。

"叮叮当当"，这对于我来说是一串陌生的音律，银角子是什么？我只有几张塞在口袋中的现代哑币。我的压岁钱数目多，叮当声却没了。我过的春节早已不同于琦君童年过的春节。我过了十二个年头，却凑不齐十二分年味，得不到收获十二枚银角子的开心。

年是明亮的，像月亮，那样美，那样神秘，能引发中国人的思乡情。每个中国人过的是同一个年，就如每个中国人看的是同一轮月，十二枚月亮在小孩囊中叮当作响，十二分月光造就的年，是几个孩子比赛的玩物。从唐代到二十一世纪，年依旧被小孩子们捧在手掌心中，如此幸福，如此真切。

"今夕为何夕，他乡说故乡。"年从来不是圆的，月亮也画不圆。"爆竹声中一岁除"的孩子，是否有一天也会有"他乡说故乡"的境遇？每一个年在增长，在变化，"叮叮当当"变成几张轻飘飘的纸。圆是转瞬即逝的存在，所幸，对现在的我而言，年还是圆的。

旧历新年是中国新年，是中国人独有的团圆时间，外国人不理解，他们认为旧历新年没有什么存在的意义。即便如此，旧历新年依旧在老人们的心中叮当作响，如此幸福，如此真切。年，千篇一律地开始，千篇一律地结束，多少人在观看春晚时丢失时空感，却在叮当声中找回童年。

唐、宋、元、明、清的年互相撞击，"叮叮当当"，随后与二十一世纪撞击，悄然无声。年陷在钢筋水泥里，发不出自己的声音，画不了一个完整的圆，留不下一串清脆的叮当声。放爆竹的噼啪声，还在我的春节作响；银角子的叮当声，在琦君的童年作响。故乡与异乡的撞击之声，吵醒了熟睡的明代诗人袁凯。

说出来了，这年，仍然很虚缥，不过是一夜的噼啪声，一口袋的叮当声，一群游子的无声泪罢了。时间，从唐朝起，犹如一篇文章，年是贯穿全文的主线，作者已经写了很久，但二十一世纪的年也只能算开头，结尾在哪里呢？

"叮叮当当"，我竟然听见了去年、今年、明年互相撞击的声音。

全篇九百四十个字符，从头到尾响着叮当声，本来只打算摘引几段，却不忍心打断这一气呵成、文气贯通的叮当声。十二岁的陈天悦，有十二枚银角子，十二首诗，她将年味也分为十二分。琦君记忆里的银角子，化成了陈天悦叮当作响的想象，化成了她与春节的对话，干净利落的白话文，不需要任何多余的解释。我读得有滋有味，想起她初来上我的课时，笔下的语言疙疙瘩瘩，不仅缺乏灵气，连通顺关都没有过，那时她五年级。但在接下来不到一年的时间，她背诵了 62 篇古文名篇、几百首古诗，读了不少好书。在"与世界对话"的课堂内外，她找到了自己的支点。她的身上慢慢长出了翅膀，她笔下的语言开始叮当作响，她拥有了自己的"银角子"。

二

2021 年暑假，我和孩子们去昆明寻找西南联大，这是他们期待已久的一趟游学之旅，有的孩子读了不少相关书籍。我们住在文林街上，每天走过西南联大师生走过的街巷，穿过他们念兹在兹的翠湖，我在读孩子们写出来的习作时，心中有许多感想，他们的表达常常超出了我的预期。在语言上，他们接通了遥远的旧时光，他们笔下流淌出来的一个个象形文字、一个个语词、一个个句子、一个个段落，都似乎有了光。小小年纪仿佛真的读懂了西南联大的心灵。八年级的金恬欣在《红绿黄》中这样写——

世界不收门票，白话在文林街肆意生长，就像雨季绿得欲滴的芭蕉。某个不知名的茶馆里，一篇篇小说悄然诞生,横竖撇捺都散发着核桃糖、宝珠梨的清香,接受过"玻璃"的润泽。文字里鸡零狗碎的桥段慢慢织成一张网,初见时陌生,重温却像是阔别多年的老友……

有时学生飞奔着去上课,年轻的脚步踏起飞扬的尘土;有时教授骑马去教书,嗒嗒的马蹄溅起四散的水花。他们随心所欲,从不担心都市红绿黄的天罗地网将人束缚其中。从宿舍去教室,不知第几百次走过文林街,简陋的街巷,永远坐满学生的茶馆,卖米线加西红柿鸡蛋的摊贩,小巷里开沙龙座谈的先生,那一定是世界上最滑稽最迷人最有市井风的街景。那一定是世界上最智慧最哲学最有逻辑的街道。

八年级的赵馨悦在《停课赏雨》中这样写:

晴天如一篇篇论文……草地上走过华罗庚先生,一脚东倒一脚西歪地走着,似乎在对比晴天中的联大,雨天中的联大,一会儿晴天更好,一会儿雨天更好,一个拼抢的世界,在先生的肩头左右打转。这时金先生的肩头也动了一动,说:"对不起,我这里有个小动物。"他把右手伸进后脖颈,捉出了一个跳蚤,捏在手指里看着,甚为得意,仿佛手中捏的不是跳蚤,而是逻辑学。

六年级的叶悠然在《笔记本》中这样写：

"点与点之间的内在联系"，汪曾祺大大咧咧，不记笔记，但我相信总有一位学生在自己的笔记本上记下了这句话。这联系是翠湖吗？不，在翠湖之前一定还有什么……有一本笔记本叫《闻一多论唐诗》，而我看见的那一本叫《国立西南联合大学》。

笔记本的第一页是薄薄的铁皮，铁皮里的秘密，翠湖的鱼不知道，茶馆里的汽灯不知道，昆明的雨只知道一点点。我没有缅桂花可以闻见这些秘密，却从土坯墙中发现了一星半点。笔记本里的"停课赏雨"四字无意间让学生们明白了这个秘密。

八年级的付润石在《闲谈》中这样写：

大雨下起，落在文林街上银杏树上铁皮顶上茅草顶上琅琅的读书声中，如此静寂，如此恬淡，而在联大的校舍里，无论是少年听雨，中年听雨还是老年听雨，都已经包含在"停课赏雨"的粉笔大字上了。

　　当孩子们在匆匆忙忙的旅程中写出这些文字，我相信他们已找到了与世界对话的支点，他们的母语不是流水账，不是百度词条，他们的母语是有光的，有声的，有色的，有味的。短短的几年间，光线、声音、色彩、气味……渐渐出现在了孩子们的笔端。这是他们与世界对话的副产品，却成了他们继续与世界对话的支点。过去，现在，将来，那只是在物理时空中，在心灵的时空中，只有光线、声音、色彩、气味，想象力、审美力和思想力都是超越时空的。德国社会学家马克斯·韦伯说，人悬在自己编织的意义之网上。与世界对话，最终就是要编织起这样的意义之网，将自己融入人类当中，"学会在语言中栖居"。我一次次地想起海德格尔欣赏的诗人哥特弗里德·伯恩的诗《一个词语》：

　　　　一个词语，一个句子——从密码中升起

　　　　熟悉的生命，突兀的意义，

　　　　太阳留驻，天体沉默

　　　　万物向着词语聚拢。

　　　　一个词语——是闪光、是飞絮、是火，

　　　　是火焰的溅射，是星球的轨迹——

　　　　然后又是硕大无朋的暗冥，

在虚空中环绕着世界和我。

孩子们的语言不是天下掉下来的，是日积月累，一步一个脚印，读万卷书，行万里路，慢慢酝酿出来的。他们不是天纵之才，而是汲取了前人精神生命的养分，终于在用自己的语言与世界对话这条路上迈出了第一步。这一步来之不易，这一步十分宝贵，所以，我十分看重这一步。

归程时，我们在昆明郊外的夕阳下，看到了满天的云彩，少年付润石在《"不亦快哉"廿三则》中有一则：

听先生讲昆明的云。课罢，天渐晚。忽抬眼，见彩云尽西，翩翩风度，如名士于白底上淡描，虽黑无妨，轻秀俊彩如（沈）从文之笔触，然有拿云之志者，舍吾辈少年其谁？岂不快哉！

好的教育就是要在启发孩子的想象力，提升孩子的审美力、思想力同时，激发孩子的拿云之志，让他们从小就与人类最美好的心灵相遇，与人类智慧的遗存相遇，这是更为重要的。

三

在千寻的"与世界对话"系列《与墙对话》《与门对话》《与窗对话》三课问世之后，我又整理出了《与橘对话》《与枣对话》《与苹果对话》《与叫卖声对话》四课。

六年级的叶悠然在《与叫卖声对话》课后完成的习作一开头便自出机杼——

> 一串串的叫卖声后面跟着一串串省略号，一串串省略号将叫卖声带入一串串小巷。然后，省略号断成了逗号和顿号，连成了破折号，叫卖声便活了起来。（《小城叫卖声》）

这省略号、逗号、顿号、破折号，源自汪曾祺、萧乾、北岛他们记忆中的叫卖声，源自苏州姑娘叫卖栀子花、白兰花的叫卖声，源自昆明街头收破烂的吆喝声，然而，这如此独特的表达方式却是她自己琢磨出来的。在陈天悦的童年记忆中，外婆家卖年糕的叫卖声，她听出了仄仄平平与平平仄仄——

> 平平仄仄，这苍老的古音属于南村；仄仄平平，

这老土的叫卖声属于东村。（《卖年糕》）

两个小女孩借着标点或是平仄，就抓住了叫卖声的特征。这是她们找到的支点。这样的语言也是有概括力的。

而六年级的袁子煊感叹叫卖声的魅力正在消失——

方言的味道没有了，全都是正宗的普通话。那份方言的情趣不见了；那种尽管听不懂，但依然喜欢的感情不见了。再也没有过山车般的语调，没有蝴蝶般的尾音，没有哪句话能像剪着春风的燕子，在买者的心中激起圈圈涟漪了。（《我在桥西》）

从"深巷明朝卖杏花"开始，《与叫卖声对话》这一课，穿梭在古今中外的叫卖声之间，昆明街头和北京街头收破烂的叫卖声，上海街头和巴黎街头卖橘子的不同叫卖声，给孩子们带来了新鲜而奇异的体验，这与他们在这个时代熟悉的电喇叭里循环播放的叫卖声如此不同。通过前人的记忆，通过一篇篇精彩的文本，他们也获得了自身未曾亲历过的那种体验。他们的触角延伸到了张爱玲、都德、夏丏尊、张恨水他们的世界，在前人丰富多样的语言中一次次地浸润，就好像那些过往的时间也从他们的身体里流淌，通过语言，他们与前人建立了永恒意义上的连接。这种连接是无意之间完成的。不同的孩子，汲取的滋养也有不同，养分的多少也有差别。但正是在这样的连接中，他们得到了淘洗，并在潜移默化中形成自己的语言。

这正是我所期待的。如果没有这样的连接，一张白纸的孩子要完成从无到有的突破，确是难乎其难。孩子的世界不是从零开始的，"与世界对话"课强调文本至上，必须在古今中外浩如烟海的文本中找到可供孩子们阅读和参考的文本，让他们看到江河奔流入海的样子，他们可以取一瓢饮，也可以挑一担回去。每个孩子的能力和造化不一样，得到的也会不一样。但让他们看见是第一步。

八年级的赵馨悦在"与橘子对话"时的习作以《扑秃》为题，"扑秃"是象声词，不是她凭空虚构的，来自沈从文《长河》中橘子打落地上的声音。她这样说：

屈原是《九章》中长出的橘子，从果肉里释放着透明的心灵。阳光是透明的，既是冷的也像是热的。是的，我的橘既冷且热，在火焰中带着几片橘子叶。

《橘颂》是《九章》中的一首，橘子既冷且热，她想到了另一堂《与莲对话》的课，她读到过余光中的《莲恋莲》："塞尚的苹果是冷的，凡·高的向日葵是热的，我的莲既冷且热。""火焰"也是从沈从文的《长河》那"一堆堆火焰"来的。

六年级的叶宇馨写出了《地球熟睡如橘》，因为她读过西班牙诗人洛尔迦的诗，"地球是一个橘子"，她也读过中国诗人张枣的诗"你熟睡如橘"——

你说，橘子是不是因为周游过世界，才会散发出穿越千年的叮当声？

你说，橘子是不是一支画笔，画出仙人和黄鹤楼，上海与巴黎？

她之所以这样写，是因为她在张枣的诗中读到了"一只剥开的橘子：弥漫的 / 气味，周游世界的叮当声"，她听说了黄鹤楼的那只鹤是仙人用橘子皮画的传说，她读过张爱玲《中国的日夜》和都德的《橘子》，上海和巴黎卖橘子的小贩。她的习作只是与世界对话的练习，是在前人的起点上往前迈步，不是毫无凭借的摸索。语言、想象、审美都是一代一代的积累，正如"落霞与孤鹜齐飞，秋水共长天一色""春风又绿江南岸"这些名句也是"积累性的突破"，是在前人基础上的创造。

四

我和孩子们一起与世界对话，常常也是一个享受"心灵的喜悦"和"思想的快乐"的过程，他们的吸收和表达常常出乎我的意料。人文教育就像一个酿酒的过程，老师、学生、文本、课堂……彼此对话，产生的是化学反应。我想起散文家王鼎钧的一句话："从别人的灵感中来，到自己的灵感中去。"灵感的这个"灵"字最难解释，但这个"灵"字一定与心灵有关，我一直相信美国思想家爱默生说的："人类共有一个心灵。"我们与世界对话，就要打开自己的心灵，融入到人类的心灵中，不再孤立于人类之外，用最好的语言将自己的心灵表达出来，分享给其他人。这是最美的过程，也是最奢侈的过程。

"与枣对话"时，七年级的张雨涵写了一篇《坠枣声》：

枣坠落了，发出砰砰的声响。

　　…………

　　它曾聆听过阳光的欢笑，见过孩童的笑颜，绚烂而又热烈，像一盆泼出去的水；它也曾静心聆听过《豳风·七月》里的音韵，见过来自唐宋的知己……

　　坠枣声清脆地划过树干，发出砰的一声响，它明白自己将坠落——滑入郁达夫辗转难眠的枕边。

　　夜深的坠枣声曾是郁达夫最怕听见的，因为他想起了早夭的儿子。

　　六年级的嵇子悠写了《剧本》，开头就是"它打北方来，是一个枣红色的演员。" 这是从张爱玲"枣红色的种族"中化出来的。她写到——

　　……枣在流泪。

　　这一次，枣没有演，它第一次感到彷徨，并在抽泣。而那位文人，比枣还伤心，枕边一片湿……

　　八年级的张禾在他的习作《早安，枣不安》中也写到——

　　那种墨香飘来飘去，也掩盖不了半夜的落枣之声，郁达夫长呼一口气，在夜幕被撕裂前睡去了。

　　几个少年的心灵此刻正与 1926 年的郁达夫产生共鸣，或者说，他们在坠枣声中共有一个心灵。尽管隔了九十五的时光，坠枣声或流泪的枣子抹平了一切。我为孩子们在字缝中透出的怜悯与同情感到欣慰。

　　陈天悦"与苹果对话"的习作《苹果的思想》中想到了梭罗《野苹果》中啃苹果苗的牛，她这样写：

　　　　掉落的苹果擦亮了老牛惊喜的瞳仁，挂在苹果树枝头的果实是老牛童年时的向往。许多年前，小牛与苹果树的相遇，使它们的心自幼连在一起。老牛听懂了苹果的第一语言，大口吞下，味道香甜。

　　面对跌落的苹果，牛顿和老牛有不同的惊喜，这种惊喜都被孩子捕捉到了。

　　付润石的习作《灵感》这样写：

　　　　对于种苹果的人来说，苹果心脏的跳动就如同太阳的升降。它的心形内核向五边展开，比任何一朵向日葵都更接近太阳。对他们而言，没有任何一种快乐，能超越摘苹果的快乐。当指尖触摸到沾有露水的苹果的一瞬，来自大地的神秘力量已经通过苹果击中了他。苹果和大地相互沉默，尽管大地在过去的千万年，都以同样的力量拉扯着苹果，而苹果也沉重地跌落在地球上。

苹果的思想、苹果的灵感、苹果的声音、苹果的法则……每一个孩子都用自己的语言与苹果对话。每一次，当他们找到自己的语言，写下他们的思考，他们的世界就在扩展，他们的精神生命就在成长。我只能说，这是一个无比奇妙的过程，我一天天惊喜地看着，却没有能力将这种奇妙说出来。

"语词破碎处，万物不复存。""与世界对话"的课堂就是要让一个个语词从孩子们的心灵中活过来，开启全新的旅程，让他们与整个世界发生连接，用他们自己的语词表达他们所理解的世界，将他们的心灵放在"永恒的意义统一体"中，不再是孤立的，在全球正日益陷入"无意义感"的今日，这是多么艰巨又是多么美好的事。

2021 年 11 月 19—24 日

教育，在变化中寻找确定不变的价值

　　世事皆在变化，变化最小的也许就是教育。今天就是苏格拉底或孔子站在这里谈教育，我们照样不会觉得他们过时了。在教育的眼中，两千五百年没有多少变化，时间在它面前似乎没有意义，因为教育将时间化为无，由此显现自身确定的力量。

　　若没有时空转化的力量，教育便不是教育，而是教学。教学是"技"，教育是"道"。教育是经验的，如我们可以彼此认识，教育也是超验的，如你我都认识苏格拉底和孔夫子。

　　教育到底想寻找什么？教育不是要寻找一路上遇到的小花小草，虽然这一切也都是美好的，而是要寻找那些确定不变的价值。

与胡适同时在美国留学的梅光迪先生不赞同胡适在中国提倡白话文，也不认可胡适相信的进化论。在梅光迪看来，进化论是浅薄的，人类的历史并非进化的历史。他说："在有能力应对现在或是未来的生活的基础上，我们必须理解并拥有通过时间考验的一切真善美的东西。"

"理解并拥有通过时间考验的一切真善美的东西"，其实就是教育的大道，就是教育要寻找的确定不变的价值。

20世纪的科学巨人爱因斯坦说，在我们之外有一个巨大的世界，它离开我们人类而独立存在，它在我们面前就像一个伟大而永恒的谜。古往今来，古今中外无数科学家、艺术家、文学家、哲学家都想要解开这个谜，而通过教育，这个谜才有可能真正解开。

世界上所有的"家"当中，在我看来，排第一位的应该是教育家。教育家比科学家、哲学家、文学家、艺术家更重要，因为所有其他"家"都是教育家孕育出来的。在教育家的特质中，最重要的是一个字——有容乃大的"容"，兼容并包的"容"，容纳百川、方能成为大海的"容"。

教育家不需要在某一个专业领域出类拔萃，他不需要成为康德，不需要成为牛顿、爱因斯坦，也不需要成为凡·高、泰戈尔、托尔斯泰……当然，泰戈尔、托尔斯泰不仅是文学家，同时也是教育家。从这个意义上说，教育家是文明的第一推动力。

教育要培养有创造性的、有感情的个人。这是爱因斯坦 1930 年在《我的世界观》中说的——"在人生丰富多彩的表演中，真正可贵的不是政治上的国家，而是具有创造性的、有感情的个人"。

就是让一个人通过教育提升和这个世界对话的能力，与自然对话，与历史对话，与社会对话，与自我对话，小花小草小虫小鱼……世界万物都可以成为我们的对话对象。如果你是法布尔，便与昆虫对话；如果你是牛顿，便与宇宙对话；如果你是凡·高，便与田野和向日葵对话……不同的人只是使用不同的语言，牛顿用的是物理的数学的语言，凡·高用的是绘画的语言，贝多芬用的是音乐的语言。最常用的语言当然是不同民族使用的口语和书面语，法布尔的《昆虫记》是法语写的，莎士比亚的剧作是用英语完成的，通过翻译，汉语世界的人照样可以分享他们的发现和创造。在这个意义上，人类只有一种语言。

教育是什么？一言以蔽之，就是彼此成全、互放光亮。

老师与学生之间，校长与老师、学生之间，甚至学生与学生之间，能不能互放光亮决定了教育的品质。

教育并不是要培养劳动者，而是有着更崇高的目的，这个目的是精神性的、超越性的。古希腊的哲人苏格拉底说自己只关心云端的事务，毒药之于他也可以成为美酒。他是哲人，也是具有超越性的教育家。

如果把"彼此成全、互放光亮"拆解为四个层次，教育最终要造就的人是什么样的？一是具有化空间为时间或者化时间为空间的能力，那是一种想象力。二是教育要造就出一批能从"坐井观天"变成"坐天观井"的人，这是思想力。三是从"有中生有"到"无中生有"，就是创造力。从古到今，绝大部分人只能做到"有中生有"，"有中生有"相对容易，但"无中生有"就难了，教育就是扩展这种可能性。从"有中生有"到"无中生有"，这是一种突破，更是一种创造，凡·高的向日葵是无中生有，李白、杜甫的诗是无中生有，贝多芬的《命运交响曲》是无中生有，曹雪芹的《红楼梦》是无中生有，爱因斯坦的相对论是无中生有。

而所有的想象力、思想力、创造力，其根基都在于审美力。如果一个孩子从小没有审美力，长大了也不会有想象力、思想力和创造力。没有审美力，便不知道什么是好看的，他只能像"马二先生游西湖"（吴敬梓的《儒林外史》第14、15回写"马二先生游西湖"），马二的眼睛看不见西湖的美景，只看见西湖的美食，一路吃遍了各个小摊，吃到撑肠拄腹，这是没有审美力的一种表现。

少年时，我读东晋陶渊明的诗，读到"其人虽已没，千载有余情"，从易水想到千年年的荆轲，空间在这里化作了时间。再读初唐骆宾王的诗《渡易水送别》："昔时人已没，今日水犹寒"，时间又化作了空间，与陶渊明异曲同工。

到了近代，葬于西湖孤山脚下的和尚苏曼殊写道："易水萧萧人去也，一天明月白如霜"，他也将时间转成了空间。"一天明月白如霜"，是他亲眼所见的空间。

杜甫最擅长时空互换。"怅望千秋一洒泪，萧条异代不同时"便是典型的时空互换的诗句。小时候，我背诵他的《咏怀古迹》，"群山万壑赴荆门"连接着"生长明妃尚有村"，原来王昭君就生在这个小村子里，从汉到唐，千年只是一瞬间。时空相互转化，在伟大的诗人手里，时空就像溜溜球一样在转动。

打开无限：超越时间给予的限制

我 19 岁时，我的老师吴式南先生告诉我，广州有位画家叫李正天，曾经提出五维空间之美——

一维是直线美，二维是平面美，三维是立体美，四维是时空中的运动美，五维是心灵自由组合的梦幻美。

而我的老师继续向前，当时就提出还可以有六维空间之美和七维空间之美。六维是什么？是零维的"点"的美，七维则是"空白"本身的维外美。这让我脑洞大开，一生受益。

吴式南先生是"一代词宗"夏承焘先生的弟子，在院系调整后之江大学幸存的文科（当时叫浙江师范学院）读书时，夏先生教他古典文学，他还是课代表。蒋礼鸿、姜亮夫等也都是他的老师。他一生不幸，教我时已五十多岁。他生平只出过两本书，唯一的专著是前几年出版的《发现艺术之美》。

他没有将"六维""七维"写进这本书，是在发给我们的讲义里提出的。那时，我的世界一下子便打开了。我从他提出的"空白"本身的维外之美，相隔三十年，想出了自己的教育"留白"论，起源就是他的七维空间之美。

语言的背后是思维，思维的呈现是语言。从本质上讲，教育就是要启发一个孩子打开思维，让他的思维"无限"，不受任何东西的限制。

而我们总是活在有限之中，生命是有限的。即使以鲁迅之伟大，恐怕在生命的长度上也活不过我，这便是有限。人世间的种种都是有限的，谁也超越不了肉身的限制，但是，教育可以。

教育通过什么来打开无限的门？通过思维，通过想象，通过创造。孔夫子、苏格拉底、柏拉图、康德、凡·高、塞尚、鲁迅……每一个在自身领域打破人类思维限制的人，已变成无限。

所谓无限，不是肉身的天长地久，而是思维超越了时间给予的限制。

1987年，吴式南先生来我家里，跟我说了一句话——21世纪是教育学的世纪。他预言，到21世纪，在所有的学科中人类最值得关心的是教育学，当然迄今为止，这个领域还没有产生哥白尼式、康德式、牛顿式的人物。

当时，吴先生还跟我说了一个观点——"教育学是人学"。那时，我 20 岁，他 55 岁，我懵懵懂懂，只是把它记了下来。现在，我理解了，"教育学是人学"，这一论断是多么精准。

从石头里摸出来的儿童母语教育

我的人生是从石头开始的。

我的故乡雁荡山到处是坚不可摧的崖壁，石头上刻了许多字，隶书、行书、楷书都有。我从小便去摸刻在石头上的这些字，一个一个摸，凡是够得着的地方都会去摸。在这些石头中，我慢慢摸到了时间。就这样摸着摸着，我摸到了唐宋元明清和民国⋯⋯沈括、朱熹、阮元、康有为、傅增湘、张元济这些名字。

可以说，故乡雁荡山的摩崖石刻，最早让我获得了空间中的时间感，从唐宋元明清到民国，我都是从石头中摸出来的，而非从书本里读出来的。"谢灵运"这个名字是从我出生的谢公岭脚得来的，这是从空间中得来的时间和人物概念，朦朦胧胧，一知半解。如果不进一步读书，人就永远不能认识文明的世界，仍然是原始世界、混沌未开的人。

关于时空互转，最后点亮我的是美籍华人学者刘若愚的一篇论文《中国诗中的时、空与我》。1984年8月，17岁的我第一次来到北京，在中关村——中国科学院数学研究所的宿舍住了半个月。我小舅舅李邦河是个数学家，我在他家的废纸堆里翻出了只有十页的《文学研究动态》，是中国社会科学院文学研究所编的内部资料，1981年8月20日出版。我在上面读到了这篇论文，大喜过望。

从此，我把之前石头上触摸到的那个世界打通了。以前，我在空间里摸到了时间，现在我在时间里可以摸到空间，时空互换完成了。

三十二年之后（2016年），我把刘若愚的论文一字不动地编进《发现语文之美》第一部分——时间。

17岁那年我还不认识吴式南先生，还不知道六维、七维空间之美。这篇论文最初让我开了眼界。

前些年，我给孩子们讲了一年的音频课，每天只讲五分钟，整理成文字就是一套书——《少年日知录》。这套书共三册，第一册叫《少年日知录：千卷书》，只讲三个概念——想象力、审美力、判断力（思想力）。其源头就是我少年时触摸过的那些石头，从石头中获得的审美和想象，最终转化成了我试图帮助这个时代的孩子们的一些想法。

"三论"：教育相遇论、教育对话论、教育留白论

我将自己对教育的思考概括为"三论两记"。

教育相遇论，2017年出版过一本《美的相遇：傅国涌教育随想录》。

五年来我给孩子们上的一百堂课，现在整理出了其中的七堂课，出版了七本书，每一本书就是一堂课，这是我的教育对话论——与世界对话，这套书便叫《童课：与世界对话》，其中每一本都有题目，《与墙对话》《与门对话》《与窗对话》《与枣对话》《与橘对话》《与苹果对话》《与叫卖声对话》。可以说，一课一世界，一课一本书。

留白，比填满更好，我的"教育留白论"植根于此。大家都将自己填得满满的，包括我自己，前几天，我终于下了决心，放下工作，约了三五好友，悄悄去了黄山，那里只有松树和白云，我完全和自然站在一起，这就是留白。

成人要留白，孩子更要留白，没有留白，一个人的创造性就不能充分发展出来。无论是爱因斯坦、牛顿，还是凡·高，都是留白"留"出来的。比如牛顿，小时

候在放羊时，他的各种奇思妙想就出来了。他为什么能发现万有引力？苹果砸在别人的头上为什么没有用？在鲁迅的《马上支日记》中——鲁迅去看一个朋友，门口有一棵苹果树，三个小孩等在苹果树下，问他们干嘛，回答是等苹果。他们有一个定律，苹果如果掉下来，谁先捡到归谁所有。半个小时左右，等他出来的时候，几个小孩每个人手里都有了一个苹果。他们的苹果定律就是平分定律。而牛顿遇到苹果，发现的却是万有引力定律。

其实孔夫子也曾告诉我们留白，《论语》中说："莫春者，春服既成，冠者五六人，童子六七人浴乎沂，风乎舞雩，咏而归。"夫子喟然叹曰："吾与点也"，这四个字重若千钧。教育是什么？"吾与点也"，教育的最高境界是审美性的。

1905 年，王国维在上海发表文章《孔子的美育主义》，便以这一番话为例，阐述孔夫子教育的最高理想是美育主义。在中国，以"美育"这个汉语词汇率先破题的正是王国维，蔡元培提出"以美育代宗教"还要等好多年。

"两记"：《新学记》是溯既往，《课童记》是启来者

2006 年我编的《过去的中学》出版，五年后，我又编了一本《过去的小学》。到 2018 年，我完成了《新学记：中国现代教育起源八讲》，从晚清到民国，梳理了中国现代教育的脉络。这些书放在一起可以说是"溯既往"。过去五年来的儿童母语教育实验，可以汇编成一本《课童记》。

我渐渐形成了我的教育"三论"（教育相遇论、教育对话论、教育留白论）"两记"（《新学记》和《课童记》），《新学记》是溯既往，《课童记》是启来者，支点就是我们的母语。

我们的母语：与世界对话的支点

母语是与世界对话的支点，没有语言，怎么与世界对话？

莎士比亚用英语，托尔斯泰用俄语，但丁用意大利语，歌德用德语，我们用汉语，这是我们与世界对话的支点。离开了这个支点，我们就是沉默的哑巴。

德国诗人格奥尔格曾说——语词破碎处，万物不复存。如果语词破碎了，一切都不存在。离开了语词，人类便不成其为人类。

做过捷克总统的哈维尔更是一位作家、思想家，他说："言语是万物之始，言语是一个奇迹，因为它我们才成为人类。"中国的朱熹曾说："天不生仲尼，万古如长夜。"仲尼留下了什么？《论语》里有什么？便是君子、仁义这些概念。语词的出现就是光明，它打破了万古的长夜。

1989年，哈维尔发表过一篇演说——《说文解字》，开篇就说："太初有道——上帝的话语创造了万物。言词确实可以说是我们存在的根据，也是我们称之为'人'的这种宇宙生命形态的本质。"

语言是人的本质，离开了语言，人只剩下一个空壳。语言的背后，更重要的是思维。从一维到七维的突破，就是从有限向无限的不断求索。

与世界对话——绝不是不着边际的、空对空的对话，而是拥有一个实实在在的支点。这个支点就是语言，就是我们的母语，以母语为支点，让每一个人在与世界对话的过程中，不断提升自我的认知能力、理解能力、表达能力。

绘画的语言与文字的语言并列，同样可以表现审美、想象、思想。

一个孩子在《与橘对话》课后画了一幅画，想表现地球是一个橘子，将西班牙诗人洛尔迦的想法画出来了。

朱自清的《背影》众所周知，这个孩子高明在哪里？她以橘子为主体，用橘子的眼睛看，而不是人的眼睛看到的背影。在这里，橘子是活的。

一位七年级的同学金恬欣在《与爱因斯坦对话》课后，写了一篇习作《宇宙是一根弦》。他说："爱因斯坦看着太阳。此时，他与太阳隔着一个 C 大调，阳光明媚的 C 大调。他的音符跳跃在弦，是无数微小的粒子所构成。它们小得像是尘埃，在琴声中窃窃私语，在窃窃私语中构成一首曲。""他专注地沉思，对着一把琴。时间慢下来，岁月慢下来。流动的河停在原处，微拂的风化为虚无，颤动的叶子停止了秘密的交流。万物无声，在这无声之中，他听到历史的喘息，在这条流不尽的大河上，'静者恒静，动者恒动'已成为过去。""静者恒静，动者恒动"这八个字是献给牛顿的，爱因斯坦来了，牛顿的时代过去了，这是一个小孩的思考，一个孩子的语言。

一种语言一旦获得了生命，就会打破限制，获得无限的可能。一个孩子可以写出让大人惊讶的语言。"这个琴音始终是绵长的琴音，如今仍余音袅袅，不绝于耳。"这是谁的琴音？爱因斯坦的琴音。

另外一个七年级的孩子冯彦臻，她写的《相遇》则是《与牛顿对话》课堂上完成的。她说："自然与自然定律在黑夜中隐藏，时间是那么神秘，那时苹果还未从那不可预知的高度掉落，宇宙的秘密还未揭开，绝对空间不为人知晓。"牛顿要解决的就是绝对时间与绝对空间的问题，我相信，对人类而言最重要的问题只有两个——时间和空间。她继续写道："他曾无数次地坐在家乡的草地上，靠着状若虬龙的苹果树数着星星。星星挂在高高的天空，如同被线牵着一般，在太阳来临前悄悄消失。日复一日地观察着星星，似乎星星在暗示着他天体的秘密，预测着他的未来。"

终于，牛顿与苹果相遇，与万有引力相遇，"秋在牛顿的脊梁上狠狠捶了一拳"，他成功破解了宇宙的一个秘密。

"同一个时间，同一个地点，苹果与牛顿相遇。一个隐秘的、孤独的人也是第一次找到了真相的知己。苹果恰到好处地砸中了沉思中的他，于是一切遂成光明。"

我们的课堂就在天地之间，是雁荡山的石头，是达·芬奇的故乡芬奇小镇，是巴黎圣母院，是滑铁卢旧战场的草地……

这些年，我带孩子去过九个国家，去过中国几十个地方。我们出版了系列书籍《寻找中国之美》，包括《少年双城记（北京与南京篇）》《少年西安行》《少年江南行》，还有尚未启动的《寻找世界之美》，这是和"与世界对话"的课堂并行的。

我们去过西南联大的遗址，孩子们在这里写出来的东西，经常让我大开眼界。我说，在语言上，他们已接通了遥远的旧时光，他们笔下流淌出来的一个个象形文字、一个个语词、一个个句子、一个个段落，都似乎有了光。小小年纪仿佛真的读懂了西南联大的心灵。

举一个例子，一个孩子写道："有时月光弯弯绕绕地照进巷子，情人、诗人的月光，学者的月光，诗歌的月光，论文的月光。""世界不收门票，白话在文林街肆意生长，就像雨季绿得欲滴的芭蕉。某个不知名的茶馆里，一篇篇小说悄然诞生，横竖撇捺都散发着核桃糖、宝珠梨的清香，接受过玻璃的润泽。文字里鸡零狗碎的桥段慢慢织成一张网……"

熟悉西南联大故事的人，应该明白讲的是什么。"玻璃"就是白开水，一杯最便宜的白开水，可以在茶馆坐半天。

我的教育理想有三个，一是树的理想，即"向下扎根，向上生长"。二是云的理想，人要有像云一样的思想，每个孩子都可以做一朵母语的云。"Cloud（云）"这个词源于古英语词汇 clūd，意思是"巨石"。 第三个教育理想就是石头的理想，法国诗人阿兰·博斯凯曾说："成为风是一种光荣，成为石头是一种幸福。"

石头是确定的，德国学者狄尔泰说："生命本身即流逝着的时间性，是以形成永恒的意义统一体为目标。"生命本身在不断流逝，时间流过你的身体，但必须要以形成永恒的意义统一体为目标，活着才有意义。

人类共有一个心灵，教育就要要让每个孩子的心灵融入到人类的心灵中，不再孤立于人类之外，用最好的语言（无论是文学的、艺术的、科学的）将自己的心灵表明出来，分享给其他人。

在日复一日与世界对话的过程中，每一个孩子的心灵将融入"永恒的意义统一体"中，也就是"理解并拥有通过时间考验的一切真善美的东西"。这是教育的价值所在，是对不断变化的时间的抵抗。

1987 年诺贝尔文学奖得主布罗茨基曾说——无限只能通过有限来领会。有限仍有意义，作为有限的人，我讲了一些有限的话，但我的目标——指向无限。

2022 年 11 月 5 日在
"优教育思想力沙龙·校长研修营"上的讲话
根据录音整理

通过教育确立人的价值

　　一百五十年前，也就是 1874 年，教育家福泽谕吉在庆应义塾迎接元旦，写了一篇《明治七年元旦献词》。他说："一国的文明程度不能从外表来衡量，所谓学校、工业、陆海军等等，都只是文明的外表，达到这种文明的外表，并非难事，只要用钱就可以买到。可是在这里还有一种无形的东西，眼睛看不到，耳朵听不到，既不能买卖，又不能借贷；它普遍存在于全国人民之中，作用很强。要是没有这种东西，国家的学校、工业、海陆军等等也就失去效用，真可以称之为'文明的精神'，它是一种极其伟大而又重要的东西。这究竟是什么呢？就是人民的独立精神。"

那一年，正值庆应义塾六年。

蓦然回首，国语书塾也已六年了。

不过，庆应义塾的前身"兰学塾"（或名"福泽屋"）早在 1858 年就出现了，1863 年改名为"英学塾"，等到 1868 年改称庆应义塾时，已有十年的历史，那是明治元年，载入世界历史的明治维新第一年。更何况，庆应义塾是个全日制学校，国语书塾只是我个人读书著书之余和孩子们一起与世界对话的"想象的共同体"，不是学校，也不是机构，一句话，不是一个实体。我们只是在时间的缝隙里偷一点闲、读一点经典，走一走自然和人文的现场，更多的时间要靠孩子们平时在家自觉地努力，在路上，在车上，在茶余饭后，晨昏朝夕，日复一日，与古今中外的作者对话，与日月星辰、风云雨雾、花鸟虫鱼对话，我所做的就是将他们带到母语的浩瀚大海面前，让他们各自取一瓢饮。

但有一点与福泽谕吉是相通的，我最看重的也是一个孩子"独立精神"的养成。一个生命个体如何养成独立精神，在面对世界时，始终如一地保持独立判断、独立思考，在天地之间、时间的洪荒中拥有独立精神，这才是教育要寻求的目标，也是人之为人的基石。比人民更重要的是一个一个的个人，这一点古希腊哲人亚里士多德早就说清楚了，20世纪的科学巨人爱因斯坦也想得很明白，国家起源于个人。"国家的价值，从长远来看，归根结底还在组成它的全体个人的价值。"英国哲学家约翰·密尔一语中的。教育正是从个人出发的，也以每一个具有独立人格的个人为目的。好的教育也许有各自不同的好法，但千好万好都离不开确立人的价值这一条。离开了这个目的，我们无法想象教育将变成什么。

回望六年前的今天，正好是农历八月十八，号称"天下第一潮"的钱江潮年年此日挟风雷之势而来，我选择这一天和孩子们一起与这一大自然不可复制的奇观对话。当时来的孩子以小学五年级为主，他们现在多数还在读高二（个别已升入大学）。时间像水一样从我的身体里流过。我从五十之年动念课童，如今五十六岁矣。令我欣慰的是，从那时起，先后出现在我面前的孩子们绽放的生命，大大超乎我的想象，他们正在长成一棵树的样子，每棵树又各有各的姿态。

六年来，最初来到国语书塾的孩子已从小学生变成了高中生或大学生，之后来的孩子也正在精神成长的过程中。国语书塾并不教人现成的知识，而希望启发孩子们去探寻未知的知识。想象力、审美力、思想力是我反复强调的，没有这一切，创造性就无从说起。我的朋友唐小兵教授不久前去探望八十四岁仍笔耕不辍的北大教授钱理群，钱先生认为："想象力、好奇心和创造力是人之为人最本真的属性，愿我们都能悬之为鹄的。"

这些说法如此简明，如此朴素，却是颠扑不破、放在任何时代都不会过时的常识。教育作为以人与人相遇为主要表征的人类实践也没有那么高深莫测。我曾说过如果要写两本书说说我对教育的理解，第一本是《教育相遇论》，第二本是《教育对话论》。教育说到底就是人与人的相遇，人与书的相遇，人与自然的相遇，人与自我的相遇……我想起许多美好的不可替代的相遇——

琦君与她的老师"一代词宗"夏承焘的相遇，从童年到青年；

叶嘉莹与她的老师顾随在辅仁大学的相遇；

汪曾祺与沈从文在西南联大的相遇；

钱穆与吕思勉在常州府中学堂的相遇，余英时与钱穆在香港新亚书院的相遇；

马星野与朱自清在温州中学的相遇；

丰子恺与李叔同在浙江一师的相遇；

许良英与物理学家王淦昌在浙大的相遇……

这是学生与老师的相遇，还有学生与学生的相遇，叶圣陶、王伯祥、顾颉刚这几个作家、学者都是苏州草桥中学的同学，翻译家许渊冲与物理学家杨振宁，诗人穆旦和作家汪曾祺、翻译家巫宁坤是西南联大的同学，他们在文林街、翠湖的茶馆泡出了各自的未来……

一本书可能改变一个人的一生，重构你的人生，人与书的相遇是神奇的。

四十年前，我在故乡雁荡山偶然接触到的那些读物，如今仍活在我的生命中。因为书的存在，空间的阻隔被打破了，时间也并非不可逾越。我在故乡的星空和月光之下，摇晃的烛光下读洛克、卢梭和孟德斯鸠，万籁俱寂中我真切地听到他们穿越时空的呼吸。我无法想象如果没有与那些书相遇，这一生将会怎样度过。

六年来，国语书塾的核心课程就是"与世界对话"。2021年，《童课：与世界对话》第一辑三册（与墙、门、窗对话）问世，八十多岁的语文教育家王尚文教授费心写下了美好的前言。2022年，第二辑四册（与橘、枣、苹果、叫卖声对话）出版。不久，第三辑五册（与风、云、雾、雨、雷电对话）即将出版。第四辑四册（与猫、狗、牛、马对话）也已初步编定。这些都是从"与世界对话"一百课中选出来的，一课一本书，一课一世界。这些课旨在启发孩子们的思路，编织一张认识世界、理解世界、表达世界的蜘蛛网，从点到线，从线到网，思维方式的形成从形象到抽象，从具体到一般，如果离开了童年、少年时代的陶冶，很难想象一个人的未来。我相信未来不是从未来开始。

"三百千万"是我对国语书塾教育实践的概括，也就是"三年百课千人万里"，一个孩子在三年的课余时间，通过一百堂课认识一千个古今中外的作者，通过行万里路，奠定一生的人文根基，从童年、少年时代开始，建造起足够滋养一个人一生、安顿一个人一世的精神家园。

自 2020 年 2 月 27 日，因武汉起疫，我们被迫取消前往西班牙、葡萄牙的行程，一转眼，国语书塾的少年世界行已停摆了近四年。如果一切顺利，我们将于 2024 年 2 月重启少年世界行，这一次是"寻找笔尖上的日本"，那是东山魁夷、川端康成他们的京都，永井荷风的东京，国木田独步的武藏野，太宰治、德富芦花、小泉八云他们的富士山……最近这段时间我在东京，已差不多编定十几万字的游学手册。"三百千万"当然少不了"行万里路"的"万"。

福泽谕吉的元旦献词中说："如果没有非常的勇气毅力，便会不知不觉地随波逐流，往往有失足的危险。原来人的勇气不能仅凭读书而得，读书是求学的方法，学问是做事的方法，若不经常接触实际熟悉事务，决不会产生勇气。""读书是求学的方法，学问是做事的方法"，诚哉斯言，这些话我也时常对国语书塾的孩子们说。教育要启人心思，而不仅仅是记忆、重复和练习，不是寻找已有的现成答案，更不是唯一的标准答案。教育就是要通过生命与生命的直接相遇（读书是间接与作者相遇），通过与世界的对话，激活每个孩子的灵性，让他们真实地理解眼前的一切，找到自己，找到真实的心灵，不断地扩展自己生命的空框，以容得下宇宙的心去面对自己。

1990年春夏之交，我在塞北大同，偶然在报摊上买到一份《文摘报》，其中摘录了十三岁的法国女孩梅莱娜·若罗的一首小诗，我当时就抄在了日记本上：

> 假如地球是方形
>
> 孩子们就有角落藏身
>
> 但地球却是圆形
>
> 我们不得不面对世界

直面这个世界，在时间的不断流逝中与世界对话，因为地球是圆的，我们的思维也应该是圆的。在国语书塾六周年之际，我回望来路，想到来日茫茫，但心中有了确定不变的价值，就无须惊慌，也不必着急。因为教育始终是慢的艺术，也是慢的哲学。可以坐下来慢慢地读一本书，也可以慢慢地想一个问题，甚至什么都不做，就像一棵树那样在时空中荡漾摇曳。我喜欢法国诗人波德莱尔的话：

> 你开始把你的情感欲望和哀愁一齐假借给树，它的荡漾摇曳也就变成你的荡漾摇曳，你自己也就变成一棵树。

每一个孩子都应该是一棵树，如散文家王鼎钧先生所言："树为什么好看？树有一种努力向上生长的样子。"而我更看重的却是向下扎根。这是树的法则，也是人的法则、教育的法则。

2023 年 10 月 7 日

第二辑

寻找"童子六七人"

寻找"童子六七人"一起读世界

> 莫春者，春服既成，冠者五六人，童子六七人，
> 浴乎沂，风乎舞雩，咏而归。

《论语》中我最喜欢的就是这一节，孔夫子的一句"吾与点也"，道出了千古不磨的教育真谛，教育要寻求的就是这样一种美的境界，孔门弟子点说出了孔夫子心中的话。

很久以来，尤其是去年盛夏闲居白马山上白马湖畔，我刚刚完成《寻找语文之美》的选编，心中有一个特别的渴望，就是想找到"童子六七人"一起来读世界。所谓读世界，就是读万卷书、行万里路，将纸上的阅读与

地上的行走结合起来，将自然与人文结合起来，将阅读与写作结合在一起，在读书的同时，也展开辩论和演说的训练。这是大语文教育的思路，也可以说跨出了语文的范围，涵盖了文史哲甚至更广阔的领域。

当时我曾考虑过"国语书塾"的定位，就是几个融合，一是人文与自然的融合，二是中国与世界的融合，三是传统与现代的融合，四是阅读与写作、辩论、演讲，也即是知识与生活的融合。我戏言这是为将来课孙作一点预备，如果我的课形成了教材，就叫"傅国涌课孙"。

…………

我的初步打算是，每年开二季课程，春天、秋天各一季，每季 11 次 22 节课，六季为一轮，以三年为一期。另外，寒暑假可以一起到国外游学（曾走过英国文明之旅和俄罗斯文明之旅，接下来寒假有希腊文明之旅），长假和双休日会设计不定期的短线教育人文之旅。

我私心希望线下的"国语书塾"成为一个小众的、纯正的、非商业化的人文私塾，坚守严谨的中国古典人文教育，同时又以开放的姿态面向世界，在经典阅读方面将秉持东西并重、古今平衡、文史哲科兼容并包的原则，既读先秦诸子，也读苏格拉底、柏拉图，既读诗经、唐诗、宋词，也读莎士比亚、歌德、泰戈尔，既读司马迁、托尔斯泰，也读牛顿、爱因斯坦。通过阅读、分享和对话，通过辩论、演说的操练，以帮助每个孩子理解并拥有全人类共同追求的经过时间考验的真善美的精神资源。我想起美国作家爱默生说的话："宇宙的存在是为了满足人类灵魂上爱美的欲望，我认为，此乃宇宙最终之目的。没有人能问也没有人能说明为什么人要追求美。从最广泛与最深远的意义上看，美实为宇宙的一种表现。上帝是至上的美，而真、善、美只不过是同一个'全体'的三个各异的方面而已。"

　　旨哉斯言，自古以来，无论是孔子还是苏格拉底、柏拉图，也无论是夸美纽斯还是泰戈尔，东西方的教育家们都知道教育的本质乃是寻找美、肯定美的价值。我期待中的微型的"国语书塾"就是想加入这个序列当中，哪怕只是一棵弱不禁风的小草，也在春天来时为人间添一抹绿色。若是真的能找到有志于此的"童子六七人"，我的初步意愿也就达成了，其他一切交在时间当中，交在上帝手中。

与芦苇对话

告别讲台，一晃已二十八年又六个月矣。2017 年 7 月底，我编的《寻找语文之美》问世，唤起了许多早年的记忆，遂起了重操旧业之念。9 月 4 日，我写下《寻找"童子六七人"一起读世界》的初稿，9 月 7 日恰逢二十四节气中的白露，天气微凉，我望时生义，想到了《诗经》中的"蒹葭苍苍，白露为霜"，当夜，我即托一位朋友帮忙找一批小孩，先上一节《与芦苇对话》的课试试，于是有了 9 月 9 日下午的这堂课。

那天来了 20 多位孩子，最小的是四年级，最大的七年级。没有粉笔，也没有黑板，面对的孩子也比我当年教的小一点，1987 年 9 月到 1989 年 2 月，我在乡村中学教的是初二和初三，客串过初一。

这堂课的主题是"与芦苇对话"，从"蒹葭苍苍"开始，我想到三十年前邓丽君的歌，想到我喜欢的东山魁夷风景画和现在流行的老树画画，想到白洋淀和孙犁的作品，想到高邮汪曾祺对少年时光的追忆，想到唐诗中的芦苇、芦花，想到今年五月初我去过的微山湖，当然也想到了布莱兹·帕斯卡尔的《思想录》，"人是有思想的芦苇"，更是我一直念兹在兹的。我与芦苇的对话就在这样的线索上展开，最后孩子们也写下了他们与芦苇的对话。

这堂课即兴、随意，处处流动着生命的气息，是生命与生命之间的对话，无论是我与孩子的对话、孩子们与芦苇的对话，还是我们一起与芦苇对话，借着芦苇的媒介与古今中外的生命对话。虽然因时间仓促，没有好好准备，那天上课的条件有很多缺乏，没有好的麦克风，临时借了个小蜜蜂，音响线也没能接上，"蒹葭苍苍"的歌声低得无法听见。但这一切都没有影响孩子们的热情，他们来自不同年级、不同学校，甚至有一位刚从外地来的四年级女生。

毫无疑问，这节课简陋、朴素，没有装饰，孩子们事先也只读了《蒹葭》这首诗，没有注释，也没有一字一句的解读。但这堂课里有生命，上课前我就告诉孩子们，课堂的主角是他们，我只是配角（但我是最重要的配角），带他们一起与芦苇对话，最后是要他们的心灵与芦苇对话。我这样上课，也许完全不符合当下课堂的精细化、知识化要求，我在意的是超越知识的课堂生命，以及超越课堂本身的精神格局。

我向往的是古希腊先哲们垂范后世的师生问对，当然也包括孔夫子在内的华夏先哲们留下的典范，印度泰戈尔在大树下的沉思和孩子们的问对，还有民国短暂的三十八年间，从小学、中学到大学，诸位先生们留下的精神血脉。我生也晚，不能与先贤同列，或坐在他们脚下倾听他们的声音，或与他们问对，但我无数次地想象过教育的真实场景，真实的日常课堂应该是怎么样的，最重要的无非就是师生之间的问对是否带着生命气息，能不能将人带到一个更高更远的精神世界，这个世界是由千百年来一代又一代的人类之子用毕生心血浇灌出来的，在长久的岁月中慢慢沉淀下来的，它跨越东西方，不同的民族、不同的肤色，乃至不同的宗教信仰。

三十年前的备课笔记

　　早上起来，翻出三十年前初上讲台时留下的一些备课笔记，用红笔书写，历经岁月的磨损，有的已褪色，甚至纸页有虫咬的痕迹。按东汉智者王充在《论衡》中的说法，所谓一世就是三十年。我从弱冠之年，到了知天命之年，这期间多少水深浪阔，沧海桑田，时移世易，眼目所及确是变化万千，我前几年去过我当初教书的乡村中学，只剩下了空空荡荡的石头屋，不过我住过的房子还在，我上过课的教室也还在，虽然那片陪伴过我无数个黄昏的石子滩，大片的草地、溪柳都消失了，春天开满白花的梨树一棵都找不到了，更不要说清澈得可以直接淘米的溪水。我看到的是自然疯长的荒草。毕竟二十几年了，学校早已搬迁。又过去了好多年，听说那里已变成一片废墟，什么也没有了。唯有双峰还静静地立在那里，仿佛亘古以来就在。

我没有想到，相隔三十年，我还要重操旧业，再来教"童子六七人"，这是多么奇妙的循环。人生仿佛就是一个画圆的过程。三十年前，我在故乡雁荡山东外谷开始课童生涯，三十年后我竟对课童有了兴趣，想与孩子们一起读世界。今年初春，在英国游学，随我同行的有我三十年前的学生，他现在是当地一所小学的校长，还有他十四岁的女儿，我对小孩说，那时我们做梦也没有想到过，三十年后师生两家还会同游英国，当时你爸爸就是你现在的年龄。同行的还有我的另外几个学生和傅阳，以及十岁的童子锐锐。夏天，我们去俄罗斯游学，同行的有五个八到十岁的小孩，我们一起在普希金的故居朗读他十五岁时写的诗《皇村记忆》，在沃尔霍夫河畔的落日中朗读屠格涅夫的《门槛》和《对话》，九岁的小女孩来来回到上海，在学校小播音员选拔时朗诵《对话》，赢得高票，她母亲说这是沃尔霍夫河给她带来的灵感和信心。竺可桢先生1936年出任浙大校长时，写过一篇《旅行是最好的教育》，我很赞同。

三十年的时间让我重新开始思考教育，思考教育与每个人的命运、母语与世界的对话。从 2006 年我编的《过去的中学》到 2012、2013 年《过去的小学》和"回望民国教育系列"的相继出版，再到今年夏天，《美的相遇——傅国涌教育随想录》《寻找语文之美》问世，我依稀看见了三十年前我在乡村中学摇晃的烛光下读书写字的影子，三十年，我原来还没有走出教育，只是从雁荡到了西湖，我想起我初一时的美术老师、黄宾虹先生的入室弟子盛牧夫先生写的几句诗：

> 西湖雁荡各千秋，君住上流我下游。
>
> 君管西湖我管山，管湖哪及管山闲。

我少年时在雁荡北斗洞目睹先生写这些诗句，至今记得它挂在绳子上的样子。这些句子也一直活在我的记忆深处。诗是送给他的同门、中国美术学院教授、以研究中国美术史著称的王伯敏先生的。

我生何幸，生在雁荡，长在雁荡，有山水日夜相陪，二十二岁告别故乡，漂泊在黄土高坡，最后落脚在西子湖畔，转眼已是廿年一觉杭州梦了。既有西湖又有山，悠悠此生，夫复何求？

寻找"童子六七人"一起读世界，是我在王国维先生选择自沉之年的选择，王先生曰"五十之年，只欠一死"，我反其道曰，五十之年只欠一生。也许五十岁只是人生新的开始。

五十之年，只欠一生

第一次知道王国维先生，是在 1984 年夏天，我第一次北行，在北京白石桥的旧书店买到一册《王国维评传》，海宁王国维这个名字从此进入了我的生命当中。三十三年来，我常常想起他，想起他遗书上的第一句话："五十之年，只欠一死。"也想起他的同道、知己陈寅恪先生给他的盖棺论定，"独立之精神，自由之思想"。从 1877 年到 1927 年，从帝国到民国，从政治制度到世道人心都经历着急剧的变动，未来更不可预测。以王先生之学养、心志，他本可以在学术上有更高的建树，但他竟毫无留恋地放弃了一切，包括独一无二、不可复制的肉体生命。"经此世变，义无再辱。"即便相隔九十年的时光，再读他遗书中留下的这一句，依然重若万钧，沉痛至极。

我想起三十年前读王国维先生的著述，在笔记本上抄《人间词话》的光景，依稀如在昨日。九年前，我和阿啃去海宁盐官镇寻找王国维的故居，在乾隆皇帝修的海塘下徘徊，想起显赫的"海宁陈家"和金庸的《书剑恩仇录》，想起蒋百里、徐志摩……自古以来，浩浩渺渺的钱塘江口多少次潮起潮落，尤其八月十八的浙江潮，确是当之无愧的"天下第一潮"，自唐宋到明清，无论是白居易的"郡亭枕上看潮头"，苏东坡的"八月十八潮，壮观天下无"，还是周密的《武林旧事》，张岱的《陶庵梦忆》，黄仲则的诗，千余年来，一个个神话传说与文人墨客笔下的风云，已写尽浙江潮之壮美与神秘。

1923年，海宁人徐志摩带着胡适之、汪精卫、陶行知一行来观潮之年，也正是袁花镇上查良镛（金庸）出世之时，巧合，不过是巧合，然我读徐志摩日记，读胡适之日记，却感到历史人事、自然变迁，一切皆那么神奇、那么美好。再有三十二年，到1955年，金庸在遥远的香港忆及故乡看潮的美好往事，想起民间有关乾隆帝与海宁陈家的传说，《书剑恩仇录》就从他笔下流淌出来了，挟着浙江潮的雷霆万钧之势，他幼时随母亲去看潮，少年时做童子军露营在海塘边的回忆如潮水般涌来。"十万军声半夜潮"，我想起 1994 年选择自杀的青年学者胡河清说的话，海潮的涨落体现了太阳系的游戏规则，海宁日日夜夜就是这样受到来自受制于太阳系活动规律的奇妙辐射。浙江潮挟着天地日月精气，而王国维、徐志摩、蒋百里和金庸都是"天下第一潮"捎向人间的精灵。

我生亦晚，在王国维自沉之后四十年，徐志摩、胡适之也早已不在人间。但我小时候在雁荡山中读连环画即知道伍子胥的传说、吴越王钱镠射潮的传说。再大一些，又读到了王国维的书、徐志摩的诗、金庸的武侠小说以及蒋百里的论著，甚至在十五年前写出了一册《金庸传》，海宁近世人物常常让人欢喜、让人兴奋。

人生就是如此神秘，许多的人、事、物看似无关，却千丝万缕，有着若隐若现的关联。读书是什么？读书就是对人生意义的寻找与确认。我知道，太阳系年复一年的浙江潮带给我们的远不止是一道风景，而是来自宇宙的奥秘。虽然我清楚，我不是牛顿，此生没有机会摸见宇宙的心跳，我也不是王国维，不可能在几千年旧学的城垒上，灿然放出一段异样的光辉。在我五十之年，我想到的却不是"只欠一死"。前天早起，我写下一篇小文，结束时，写了这样一句话：

寻找"童子六七人"一起读世界，是我在王国维先生选择自沉之年的选择，王先生曰"五十之年，只欠一死"，我反其道曰，五十之年只欠一生。也许五十岁只是人生新的开始。

2017年，在王国维自沉之后九十年，又将迎来"八月十八潮"，我要在这一天给"童子六七人"上第一课：《与"天下第一潮"对话》，自然、历史、文学、科学，一切都在潮起潮落之间。我将与"童子六七人"一起与白居易、苏东坡、周密、张岱、高濂、黄仲则他们的浙江潮对话，与蒋百里、胡适、徐志摩、竺可桢、金庸眼中的浙江潮对话。五十之年，我的人生将从"八月十八潮"重新开始。

相遇

　　一个人在童年、少年时代有怎样的相遇，遇见什么样的书，遇见什么样的人，将对一生有难以估量的影响。我自去年 9 月决意与"童子六七人"一起读世界，就是想寻找一批童子，与他们一起读书、行走，我将我的课称之为"与世界对话"，立足于语文，又不限于狭隘的语文，内容涵盖古今中外，而从熟悉的草木虫鸟、季节的变化入手，我看重阅读，看重写作，更看重的是他们的想象力、审美力和思想力（即独立思考的能力）。没有想象力，就不会有创造力，想象力是人类最重要的能力，无论在文学艺术还是科学，乃至社会公共事务当中，都需要有想象力，想象力不是胡思乱想，而是有限的人面对无限的宇宙产生的想象,是不断出入于人类文明史,站在前人、巨人的肩膀上眺望未知世界,并不是封闭在狭隘的个人小天地里。审美力与想象力有着千丝万缕的关系,对美的认识使人之所以成为人,一百多年前,王国维、蔡元培等先生将美育视为教育的核心内容,而孔夫子早就以一句"吾与点也"确认了审美是教育中最高的追求。我思故我在,思想是人存在的形式,一个人如果没有独立思考的能力,永远只能人云亦云、鹦鹉学舌,教育就是要让人从小养成独立思考的习惯。

真正的教育不是用模子铸造一个个工具,而是要放飞一个个鲜活的生命,教育是针对具体的一个一个的个人的。毫无疑问,以想象力、审美力和思想力为目标的教育是指向自由的,换句话,就是要养成健全而自由的个人,也是爱因斯坦所说的"有创造性的有感情的个人"。因此,教育的过程便是一个精神成长的过程,不断认识自己、认识世界的过程。对教育有深刻理解的德国哲学家雅斯贝尔斯说,思维方式的革命只能从自由中爆发。同样,一个人健康的精神成长,也只能从自由中获得,那就是自由地想象,自由地思考。

我希望通过"与世界对话",不断打开童子们的视野,使他们的心灵变得丰富而自由,他们可以出入古今,可以神游万里，像白云一样在蓝天飘来飘去，对天地万物之美有着敏锐感知，对人世间的苦难有着深切悲悯，对未知的事物充满好奇心，而不是一个沉浸在现成知识当中只知道寻找标准答案的人。自去年秋天以来——

我们与月亮对话、与秋天对话、与春天对话……

我们与桂花对话、与梧桐对话、与梅花对话、与桃花对话、与杨柳对话……

我们与西湖对话、与瓦尔登湖对话……

我们在富春江与严子陵、黄公望对话，在兰亭与王羲之对话，在绍兴与鲁迅对话，还到希腊与苏格拉底、柏拉图、亚里士多德对话……

今年八月，我们将前往意大利，与朱自清的威尼斯对话，与徐志摩的翡冷翠对话，与达·芬奇、米开朗基罗这些文艺复兴的巨人对话……

我与童子一起读世界，虽然只有短短八个月的时间，还只是迈出了最初的一步，但我已看见童子们的世界一天比一天辽阔，他们的想象力和审美力也越来越强，他们写下来的文字既充满童趣，又不乏自己的思考，我深感欣慰。每次上课，我给他们十分钟时间，让他们用母语与世界对话，他们当场写出的文字，常令我惊讶。慢慢地十分钟不够用了。在与梅花对话时，一位十岁的童子（冯嘉乐）将丰子恺和陆游、王冕聚在一起：

………

陆游曰："零落成泥碾作尘，只有香如故。"

王冕取出一幅墨梅图，吟道："不要人夸好颜色，只留清气满乾坤。"

梅树也加入他们的谈话中，她说："……谢谢你们！你们请我聊天、喝茶，这段时光是我最快乐的时候。因为我的美只是一瞬间，歌德说：'美是一种神秘法则的显现。'现在，这个法则要把我召走了，明年再见！"

另有好几位童子不约而同地想到了我课上讲到的苏格拉底、柏拉图、亚里士多德对于美的不同见解。其中另一位十岁的童子（张哲语）这样写：

一天，苏格拉底、柏拉图、亚里士多德来到林和靖的孤山梅庄。苏格拉底看着西湖边的一片梅花，突然想起"美是什么"这个问题。他说，美，是有用的东西。但这个说法，被梅花反驳了："我只是一棵树，之所以被林和靖称为妻子，是因为我美，并不是因为我有用。西湖也是一样，你能用西湖照镜子吗？"

苏格拉底无言以对,柏拉图连忙说:"老师,我就说您的观点不对。美,应该是给我们带来快感的东西。"梅花又开口了:"你说的也不对。比如你在很渴的时候,喝到了水,你会感觉到快感,但喝水并不是美的。"

这时,一直沉默不语的亚里士多德说话了:"你们都错了。美,贵于逼真。"梅花摇头说:"现在有一种机器,叫'照相机',它可以逼真地显示物体的样子。你的话过于理想化,把不美的点给忽略了。"

亚里士多德强压怒火问:"那你说,美到底是什么?"林和靖听到动静,笑着从厨房里走出来,道:"美,不能用语言来表达。只有抱有一颗颇有美感的心来欣赏一件美丽的东西,才能叫美。"

在与春天对话时,一位九岁的童子(李益帆)当场写下:

春天与冬天的仇我用四叶草去化解,
春天的燕语我用屋檐去收听,
春天的蚂蚁我用江南的绿草去关,
春天的雨我用桃花去接,
春天的风我用风筝去收集,

春天的我用万物去滋润。

还有一位九岁的童子（李点乐）写出了这样的句子：

春天

以温软的

虚伪的调子对劳苦的人们呼唤道：

"还不快快播种！"

他们不明白

布谷鸟

为何要

费尽

一年的心思

准备好无人倾听的演唱会

春天

以严厉的

坚定的语气对骨瘦如柴的骡子鞭策道：

"为何不下地耕种？"

它们不清楚

桃花为何要

绞尽

所有的脑汁

装扮好无人欣赏的

艳装

…………

在与春雨对话时，她又当场写下：

三十六根竹竿一收一合，便像八音盒一般，将千万人的回忆，千百年的故事收入到一把把伞中了。

无数滴雨点在伞上飞舞打转，便像日记本一般，将千年的旧事、万国的兴亡录入到一滴滴雨中了……

也正是她，兰亭归来之后，在十岁生日来到之前写出了洋洋洒洒近二千言的《兰亭之声》。

童子们开始越来越自由地使用母语和世界对话。

古罗马哲学家爱比克泰德说：只有受过教育的人才是自由的。

这句话放在此时此地，还是值得重新斟酌，并不是所有的教育都导向自由。不同的教育将带来不同的结果。确切地说，今天应该说：只有受过好的教育的人才是自由的。

我相信古希腊哲人亚里士多德说的这句话：教育的根是苦的，但其果实是甜的。那就从向下扎根开始，只有努力向下扎根，才能不断向上生长。

今年秋天，也是"国语书塾"童子班的第二个秋季课程，将继续与世界对话，并开始增加演讲和戏剧的操练。

2018 年秋季童子班的课程构思

一滴水开始的知识革命

各位童子，你们好。

"蒹葭苍苍，白露为霜"，一个长长的夏天终于结束了，在芦苇中我们可以看见时间的变化，时间是什么？从王羲之到李白，从奥古斯丁到牛顿，从爱默生到泰戈尔，千百年来，东西方不同民族的智者都没有停止过追问。

一百四十多年前，美国作家马克·吐温循着洞穴中的一滴水想象过时间的奥秘。三十几年前，我在杂志上偶然读到一篇文章《超越时间和空间的美》（秦牧），其中就有这段话：

那一滴水在金字塔新建成的时候就已经在往下滴，

在特洛伊陷落的时候也在往下滴，在罗马城刚铺好地基的时候，在耶稣被钉在十字架上的时候，在征服王创建不列颠帝国的时候，在哥伦布航海的时候，在来克星顿大屠杀还是'新闻'的时候，那一滴水都在往下滴……

我太喜欢了，就剪下来贴在剪报本上，一直保存到现在。那时我大约比你们这个年龄稍大一些，只知道这些话出自马克·吐温笔下，却不知具体出处。接下来，你们将在这一季我推荐的必读书《汤姆·索亚历险记》中遇到这些话。

一滴水——让我沉思了许久，人类的知识积累也仿佛是从一滴水开始，一滴、一滴，万年、千年，从没有文字记载到有文字记载，从石头上刻下的符号、图案到金字塔、长城、雅典卫城、罗马斗兽场，从原始巫术到互联网、苹果手机、机器人，一滴水，一滴水，一直滴到今天，还将继续滴下去，不变的是什么？变的是什么？

我们的课堂不仅要面对自然的变与不变，同时也要面对人类的变与不变。我向往的是那些恒久不变的价值，一百年前，在哈佛大学留学的安徽青年梅光迪就已清晰地说出："我们必须了解与拥有通过时间考验的一切真善美的东西，然后才能应付当前与未来的生活。这样一来，历史便成为活的力量。也只有这样，我们才有希望达到某种肯定的标准，用以衡量人类的价值标准，借以判断真伪，与辨别基本的与暂时性的事物。"从一滴水开始，在岁月的累积中，慢慢地，你们将完成你们每个人的知识革命。

我刚刚问世的新书《新学记：中国现代教育起源八讲》，回答了19世纪到20世纪的一百多年间，也就是传统教育向现代教育转型的过程中，几代中国人是如何完成他们的知识革命的。出生在1890年代的梅光迪、胡适之、竺可桢、傅斯年、晏阳初、陈寅恪他们有幸留学欧美，看到新知识的天宽地阔。即使没有机会远涉重洋，只在本国念过中学、小学的同龄人钱穆、梁漱溟、叶圣陶、卢作孚等人，却也同样有幸，在"三百千千"（三字经、百家姓、千字文、千家诗）和四书五经以外，建立起了全新的知识世界，他们或成为学者、作家、教育家，或成为企业家、乡村建设家。比他们更晚一点出生，1900年代或1910年代出生的冰心、巴金、孙立人、钱锺书、费孝通、季羡林都有留学欧美的经历，在本国未能接受完整教育的沈从文、华罗庚、萧红、金克木这些人，或接受了良好教育的穆旦、殷海光这些人，照样也在文学、数学或其他学术领域有过出色的表现。

知识革命不是毕其功于一役,而是从一滴水开始的。积累,积累,再积累,在时间的日积月累中,只要你接触到的精神资源是健全的,你的知识革命终将完成,有的人快一点,有的人慢一点。我常常遗憾自己的童年少年时代,未能接触到《荷马史诗》、安徒生童话,未能亲近但丁、歌德、莎士比亚,你们是有幸的一班人,小小年纪就有机会在雅典的废墟中寻找柏拉图、亚里士多德的踪迹,在古老的剧场和奥林匹克运动会遗址上朗诵荷马史诗和埃斯库罗斯的悲剧,在爱琴海的波涛中为拜伦的《哀希腊》而忧伤……在威尼斯的碧海蓝天之间演绎莎翁的《威尼斯商人》,在但丁家门口背诵《神曲》,在翡冷翠的苍茫暮色中与徐志摩和遥远的文艺复兴时代对话,在达·芬奇故乡小镇的清风中求问蒙娜丽莎神秘的微笑……

每一堂课,每一次对话,每一次出行,包括你们遇到的那些诗、那些书、那些画,都是一滴水,一滴水诚然很不起眼,而大海却一天也离不开那一滴滴水。这些简明朴素的道理,孔子和苏格拉底懂得,伽利略、牛顿和爱因斯坦懂得,鲁迅、胡适、托尔斯泰他们也懂得。我想到英国诗人拉加托斯的诗《一滴水》:

这一滴水也许是尼亚加拉瀑布的一部分，它也许曾经有过显赫的奇迹呢。

也许只是脸盆里的一个肥皂泡，它有洗净劳动者身上污垢的功效。

也许被弄到威士忌酒里去，成为天才家所梦想不到的欢乐对象。

……

这一滴水也许是人脸孔上的汗，所以也许会蕴含劳动、烦恼甚至痛苦的意思。

也许可能是你爱人嘴唇上表示愉快和舒服的东西。

也许只是天上落下来的一滴雨。

也许是快乐得发狂的一滴泪，不然，就是痛苦得哭出声来的一滴泪。

一滴水而已……麻雀喝了，使它得到片刻的精神安慰。可是一下子，麻雀会忘记了的。

再也许，只是花丛里的一小滴露水，被花的小口吸进去之后，这花便给一个可爱的小姑娘采去了。做了香水，洒在身上，这水就成为她的爱人迷恋追求她的东西。

你别小看了它。它，一滴水，本身简直就是宇宙的缩影。

是的，一滴水，也许就是宇宙的缩影，千万别小看了它，就如不要小看这一堂课，虽然在横无际涯的知识海洋中那也不过是一滴水。

今天是我们新学季的第一课，恰逢白露，我自然而然地想到了《诗经》，我们一起与蒹葭对话，当然我也想到了唐诗宋词，白居易、司空曙他们，想到了白洋淀的芦苇和芦苇织的席子，想到了汪曾祺的少年记忆，徐志摩日记中西湖和西溪的芦花，还有达·芬奇、东山魁夷他们的画，我当然想到了旧约的名句"压伤的芦苇祂不折断"，也想到了法国哲学家帕斯卡尔在《思想录》中的断言——人不过是会思想的芦苇……

这一课就是我们的一滴水，古今中外那些与我们一样的生命，他们在不同时空里都曾与芦苇对话。可以说，这一滴水，从《诗经》的时代、《以赛亚书》的时代，一直滴到了如今，盼望你们读完马克·吐温的书之后，读完许许多多古今中外的名著之后，对一滴水会有更深的理解。

我又想起三十三年前，我在故乡雁荡山中读到过的几句诗：

何必去测量它有多深，

拳拳之心，

也可以大小无边。

它只是沉默着，

把游子抱在怀中，

在积少成多的日子里，

汇聚着水滴石穿的信念……

——徐刚《深潭——雁荡山偶拾之四》

是的，水滴可以石穿。一个人的知识革命不可能一夜完成，注定了要从一滴水开始。在中国的大量成语中，我独独喜欢水滴石穿、水到渠成、积少成多、集腋成裘、聚沙成塔这些成语，它们常常带给我安慰，更给我力量。我相信语词的力量，因为文明就是这些语词建造起来的，布罗茨基说的"文明的孩子"就是这样成就的。我最近在读一本新书：《笔尖上的世界史：形塑民族、历史和文明的故事力量》，作者叫马丁·普赫纳，这是他在哈佛大学讲课的内容，从亚历山大的枕边书《荷马史诗》到家喻户晓的《天方夜谭》，从《堂吉诃德》、歌德到阿赫马托娃和索尔仁尼琴，从孔子、苏格拉底、佛陀、耶稣到马丁路德，从富兰克林、《独立宣言》到《共产党宣言》，从中东、希腊开启的字母革命到始于中国的纸张革命和印刷术革命，直到今天的电子邮件和阅读器……这部笔尖上的世界史大处着眼，却从小处入手，将一部文明史讲得清清爽爽。这本书的中译本以后可以推荐给你们作为选读书。

今天，开学第一课，我先将这一滴水送给你们，愿你们在一滴水中看见一个知识的新世界和生命的新世界。上个月去过威尼斯和翡冷翠的同学都会背美国诗人庞德的这句话："时间不能占有美，美是永恒的现在。"一滴水是美的，那就从"一滴水"开始，踏上崭新的求知之路。

国语书塾 2018 年秋季童子班开学致辞

像树一样向上生长

各位童子，大家好！

"树为什么好看？树有一种努力向上生长的样子。"王鼎钧这样说。

漫长的冬天过去了，又一个春天降临到我们中间，我想把这句话送给你们，每个人都像一棵树一样努力向上生长。此刻我想回答的是向上生长的秘密在哪里。那就是往下扎根，扎根是看不见的，人们看见的常常是生长的姿态，然而离开了看不见的往下扎根，又怎么有看得见的向上生长？你们的学习、你们的努力、你们的追求，都可以看作是在往下扎根。

一位叫乔治·艾略特的英国作家说："一条年老的

金鱼，一直到死都保持他年轻时的幻想，认为他能够游到玻璃缸外面去。"国语书塾的课程就是要让你们的心灵在年少时光就不限在玻璃缸内，而是自由地游弋在玻璃缸外。面对一个复杂多变的世界，从小就明白还有确定不变的价值，还有永远值得信赖的美的事物，在时光的流转中保持始终纯净的心灵，理解美与丑、善与恶、真与假，并以自己的语言表达你的理解。如果不是这样，教育加给人的不过是一些功利主义的工具和一地碎玻璃渣子般的知识。

这一季我们的课除了"与世界对话"系列，还增加了"朗诵与表演"，部分童子还有一门"中英文对读"。这些课都是要提升你们的想象力、审美力、思想力和表达力，表达力不仅是书面表达的能力，还有口头表达的能力。大胡子黄岳杰教授三十几年来在大学校园致力于戏剧教育，为此倾注了几乎全部的热情，他被誉为"校园莎士比亚"，他的课将把你们带进古希腊和莎士比亚、歌德的经典作品中，让这些经典与少年的生命融为一体。闻中教授致力于哲学探索，并翻译过印度诗人泰戈尔的诗集，他通过《飞鸟集》与你们一同进出于不同语言、不同文明之间，盼望能打开另一扇奇妙的门，帮助你们在世界文明的纵深里慢慢扎根。我常常想，一个人的一生有什么样的相遇，尤其在童年、少年时代，相当程度上决定了未来的方向。也许此刻你还不能意识到这些相遇将带给你什么，但可以肯定的是，它将在你的生命中播下神秘的种子。

英国哲学家罗素说，教育是打开新世界之门的钥匙。他在《教育与美好生活》这本书中曾强调将背诵和表演结合起来，"因为每个孩子都喜爱表演，这样一来背诵就成了孩子进行表演的必要手段。三岁以后，孩子就喜欢扮演角色；他们这么做是发乎自然，但如果教给他们更精巧的表演方式，他们会心花怒放。"他想起了自己最初表演莎士比亚的作品，朗诵"我宁愿做一条向月亮狂吠的狗，也不愿身为这样一个罗马人"时的那种强烈愉悦。这正是我们现在做的，黄岳杰教授的课就是这样的尝试，与罗素的说法不谋而合。当你们在万里之外的比利时，梅特林克的故乡根特表演《青鸟》的"夜之宫"一幕时，我已看到了这种愉悦的力量。这力量最终将变成你们生命的一部分，而不仅仅是一次表演。

我们的"与世界对话"课当然是围绕着想象力展开的，燕子、蝴蝶、竹子、青草、钟声……这一季我们将继续借助这些题目，你们将在东西古今之间，在文学、艺术和历史、哲学之间自由地穿梭，像一只燕子一样飞来飞去，你们眼中的世界会渐渐变大，你们听见的多样的声音也会慢慢转化为自己的思想，你们与世界之间的关系会日益加深。

诚如罗素所说："若要使想象力得到充分发展，知晓一些文学名著、世界历史以及音乐、绘画和建筑等就是不可或缺的，唯有通过想象，人们设想未来世界的蓝图；离开想象，'进步'将变得按部就班、平淡无奇。"想象力不会从天而降，它需要你不断努力，不断地获得开阔的视野，不断地往下扎根，拥有更多知识和经验的积累，使它的基础变得又深又广，才有可能突然迸发出来。你们在课内课外的所读所见所闻所思，都是在扩大这一基础，加大这种可能。重要的是珍惜，珍惜机会、珍惜一去不返的大好时光。

金恬欣同学从法国到荷兰游学途中写下这样一番话：

此时，巴黎圣母院的钟声响了起来。霎时间，欢呼声与钟声交杂在一起，震耳欲聋。秒针、分针与时针一瞬间重合，又一下子分开。时间真快，此生如东流之水，永不回头。

对于圣母院的钟来说，今天只不过是一个再平凡不过的日子罢了。当齿轮一次又一次转动，发出"咔嗒咔嗒"的响声时,她曾目睹多少人哭着醒来又哭着离去,她曾目睹伏尔泰用一生关上旧时代的大门,她曾目睹少年雨果在巴黎圣母院前蹦蹦跳跳;她也曾目睹川流不息的人马去而复返。

…………

这是一个少年对时间的美好诠释,她明白少年的时光转眼即逝,她想起了感叹"前不见古人,后不见来者"的陈子昂,想起了"抽刀断水水更流"的李白,想起了伏尔泰和少年雨果,想起了文艺复兴时代、启蒙时代、拿破仑时代,巴黎圣母院的钟声将这一切串在了一起。

付润石同学则注目于塞纳河上的一只海鸥:

这只海鸥从爱琴海蔚蓝的波浪中飞来,从覆亡的威尼斯共和国飞来。它也许看见了艾丝美拉达在巴黎圣母院前的舞蹈,也许见证了巴士底监狱的陷落,也许见证了路易十六走上了断头台和马拉之死;它一定记得埃菲尔铁塔如何铸成,共和国在凯旋门如何阅兵,黄背心如何在巴黎街头游行!

刘艺婷同学在《一支笔的使命》中有一杆名为"灵

感"的笔，从达·芬奇的手中到雨果的手中，在伦勃朗、凡·高、梅特林克和罗丹手中——

　　这支笔又落到了一个犹太小姑娘安妮手中。她用这支笔记下了一个少女在特殊时期的心事，记下了少年心灵的天真纯洁，记下了战争的无情与恐怖。最后这支笔被丢在了火炉里，付之一炬。它的生命结束了，但它的使命已经完成。

这都是有想象力的文字，而所有的想象却不是空穴来风，不是无源之水、无本之木，是和她们的阅读、课堂和游学途中的见闻紧紧连在一起的。想象力也是生长起来的，是往下扎根的结果。

当一棵树保持谦卑的心态不断地往下扎根时，人们看见的也许只是它向上生长的样子。树犹如此，人当然也是。"我不想成为上帝或英雄。只想成为一棵树，为岁月而生长，不伤害任何人。"这是波兰诗人、1980年诺贝尔文学奖得主米沃什的诗。愿你们一直保持像树一样努力向上生长的样子，这是最美的样子。

国语书塾 2019 年春季童子班开学致辞

你可以成为一个"审美共和国"

各位童子，大家好！

又到了开学的日子，我读到哥伦比亚大学校长李·布林格在开学典礼上的讲话，他说，大学的精髓在于讶异、好奇，在好奇心的驱动下保持对未知事物的不懈追求，不断推动知识发展来服务这个世界。其中他特别谈到哥大给本科生开设的核心课程——"根本目的就是希望每一个学生都能够沉浸在知识和思想的海洋中，了解那些最伟大思想家们如何追求真理，并在与同伴的辩论中，而非通过讲座这类预先知晓的方式，探索生活中那些深刻的问题——这是当世界近乎分崩离析时，对知识价值的再次肯定，再度重视"。

无论是保持讶异、好奇，还是对知识价值的肯定，难道不也是小学、中学应该追求的根本目的吗？国语书塾的核心课程——与世界对话，就是要将知识和思想的海洋呈现在你们的面前，让你们从小看到文明史上最具创造力和审美力的人们留下的精神资源，人类的智慧、想象和美正是透过他们代代相续，并抵达你们的童年世界，融汇在你们的生命当中。我深信，在碎片化的知识点之上还有一个更为广阔、更为神奇的人文世界。读万卷书、行万里路，就是为了将我们的小世界与这个大世界连在一起，就是要将我们此刻的有限世界与那个有历史纵深、连接着过去和将来的世界接通。换言之，就是将自己置身于整个文明的链条上，如同"溪边少年"席勒所渴望的——"要将我们短暂的生存，牢牢地固定在那永不消逝的、世世代代蜿蜒迂回的人类发展的链条上。"

我们从低处入手，却是从高处着眼。我们虽是从小处入门，却是要进入一个无比广阔的大世界。这注定不是一条捷径，而是一条漫长的道路，需要付出无数的时间、艰辛和努力。无论路有多长，重要的是迈开脚步，从童年开始前行。我想起德国作家莱辛的一番话："智慧的天意，迈着你不可觉察的脚步走吧！只是不要因这种不可觉察的缘故而让我对你产生怀疑，哪怕当你的脚步似乎在后退的时候！——其实最短的线并非真的总是直线。"请你们记住——最短的线并非总是直线。在人生的旅途中千万不要追求走捷径，要知道在成为"文明的孩子"路上，并无捷径可走。

每个人的童年都只有一次，不可复制，不能重新来过。比利时作家弗朗兹·海伦斯说过一段打动我的话："童年并不是在完成它的周期后即在我们身心中死去并干枯的东西。它不是回忆，而是最具活力的宝藏，它在不知不觉中滋养、丰富我们不能回忆童年的人。不能在自我身心中重新体会童年的人是痛苦的，童年就像他身体中的身体，是在陈腐血液中的新鲜血液……"

他还说："人的童年提出了他整个一生的问题；要找到问题的答案却需要等到成年。"

在某种意义上，人的一生就是对童年的不断回望。这也是我开国语书塾童子班的初衷。在过去的两年中，国语书塾实行的是以母语为中心的人文教育。我们的课堂立足于母语的理解与表达，常常从花鸟虫鱼或一草一木一人着眼，试图寻找的不仅是灵感，还有心灵的故乡，希望你们在大千世界和自然的丰富面前始终保持讶异、好奇，并在古典与现代、自然与社会、东方与西方之间渐渐确立起知识的庄严价值，而不只是一地碎玻璃渣子般的知识点。

我们的游学，则是在行走中学习，将课堂搬到历史的现场，不仅是开拓你们的视野，更重要的是让你们有可能与伟大人物的心灵相遇。许多童子跟我一起到过希腊、意大利、法国、比利时、荷兰、德国，寒假将前往西班牙、葡萄牙。我们到过富春江、兰亭、绍兴、白马湖，也到过北京、南京、无锡、西安，不久我们将前往嘉兴和海宁，在西湖边上课更是我们得天独厚的便利。正是在一次次游学途中，你们开始领悟到世界存在的秘密，不断地超越自己。

爱思考的付润石在佛罗伦萨街头、在芬奇小镇的夕阳和钟声里最初突破了自己，尤其德国归来，他写出了洋洋四五千言的精彩总结《德意志如是说》，他不仅从歌德、尼采、韦伯他们的身上汲取了精神养分，更从浮士德、查拉图斯特拉那里获得了灵感。

爱画画的刘艺婷被古希腊圆形剧场、比萨斜塔、天空之城所吸引，被石头城、白马湖和古老的西安所吸引，不仅画出了一幅幅美好的画，还写出了不少好文章，尤其今年 7 月她在西安游学途中的习作，常在出人意料处下笔。

爱文学的金恬欣，自南京游学以来，每一次总能写出充满想象的习作，在无锡，她为钱穆旧居写下了《一张旧照片》；在德国，她将席勒和歌德的颜色论连在一起，写出了《席勒的"彩虹圈"》；在西安，她一路都有出色的表现，并代表全体童子向西安献词。

爱哲学的李点乐，在法国写出了多篇构思巧妙的习作，比如"先贤祠的会议"，让卢梭、伏尔泰、雨果们一起开会；在德国，她在尼采档案馆的松果中找到了灵感。

当然还有赵馨悦、冯彦臻……她们自希腊一路走来，不仅开了眼界，而且渐渐拥有了与世界对话的自信与笃定，不仅是阅读和写作，还有戏剧表演等方面，都可圈可点。

过去的一年，你们在游学途中演绎过的剧目累积起来也颇为可观了，从威尼斯演的《威尼斯商人》（节选）、老北大红楼演的《幸遇先生蔡》（节选）、南京石头城下演的《桃花扇·余韵》到比利时梅特林克的故乡根堡演的《青鸟》（节选）、无锡顾毓琇故居演的《岳飞》（节选）、西安演的《荆轲》（节选）、德国演的《浮士德》（节选）……除了《青鸟》，黄岳杰教授曾给你们排练过，其他的几乎全是自导自演，你们的演绎非常出色，不是你们演得有多专业，而是你们在表演时释放出的生命热情，你们透过角色理解和把握历史、文学的努力和用心。我相信，这一切都已化作你们人生最珍贵的部分。

不久前，在吸引过歌德、雨果、马克·吐温的海德堡，在内卡河畔、社会学巨人马克斯·韦伯的小白楼前，我曾跟你们分享过法国哲学家加斯东·巴什拉的一句话："童年看到的世界是图绘的世界，带有它最初的色彩，它真正的色彩的世界。"这个图绘的世界将成为你们生命的底色，或者说一口深井，一个永远不竭的精神源泉，你们可以不断地从中打出水来。

在缓缓展开的人生中，你们将可以不断地亲近那"最初的色彩"，在这个"图绘的世界"，有王羲之、李白、杜甫、曹雪芹，有蔡元培、梁启超、鲁迅、胡适，有但丁、歌德、雨果，有莎士比亚、托尔斯泰、泰戈尔，有达·芬奇、拉斐尔、伦勃朗、凡·高、毕加索，有米开朗基罗、罗丹，有苏格拉底、柏拉图、伏尔泰、斯宾诺莎、尼采，有伽利略、牛顿、爱因斯坦……你们不仅在纸上领略过他们创造的世界，而且抵达过与他们相关的地方，在他们呼吸过的空间里呼吸过，也许触摸到了他们触摸过的时间，这对于一个人的童年是多么幸运的经历。

我带你们去历史现场上课，就是想让你们摸见他们的心跳，近距离地感受被时空相隔的心跳。当付润石、袁子煊、冯彦臻、李点乐、金恬欣、赵馨悦、曾子齐、解芷淇、陈胤涵、徐朵露、汪语桐、黄云翀、黄若瑜……或在魏玛广场歌德与席勒并肩的铜像下，或在几棵大树下的草坪上演绎《浮士德》的时候，那一刻他们与歌德的心是完全相通的。

在德国的小城耶拿，诗人、剧作家、美学家席勒的花园房子里，我上了《与席勒对话》这一课，那一刻窗外鲜花烂漫，苹果树上长着苹果，虽然席勒早就不在了，但在他住过的房子里，我们仿佛觉得他从来没有离开过，他的抽屉里还放着一个没有腐烂的苹果。我想到了席勒说过的话："美好的心灵好似一个自由的国家，是一个审美共和国。"这正是国语书塾想要达成的目标，愿你们都能从童年起步，立定心志，最终在时间中酿出一个个美好的心灵来，那你们就是一个个的"审美共和国"。

当我准备写这篇开学致辞时，我想到了遥远的耶拿，也想到了巴黎的雨果故居，雨果在他的长篇小说《九三年》中提出了与"刀剑共和国"相对应的"思想共和国"，雨果的"思想共和国"与席勒的"审美共和国"一样美好，都可以将人带到蔚蓝的天空，他们知道，人生来不是为了戴锁链，而是为了展翅飞翔。好的教育就是要建立一个个的"审美共和国"和"思想共和国"。

如果说"每个童年都是神奇的，自然而然是神奇的"。神奇的童年需要有更多的经历，阅读的经历，演出的经历，游学的经历，这一切将构成一个人最坚实的底部。如果说"只有永恒的孩子才能把神奇的世界归还给我们"，你们所接触到文明史上的伟大人物无疑就是永恒的孩子，你们与他们的相遇，就是与一个神奇的世界相遇，你们的童年也因此变得神奇。你们，将成为"文明的孩子"，甚至成为"永恒的孩子"，可以将神奇的世界带给其他的人。要记得，你可以成为一个"审美共和国"。这是多美的事，那就从丰富你们童年眼中"图绘的世界"开始吧。

国语书塾 2019 年秋季童子班开学致辞

给每一块石头插上羽毛

即将消失的 2019 年，和公元前、公元后的每一年几乎一样，都是那样的不紧不慢。时间从来以其亘古不变的节奏匀速转动。

在又一年的尽头，我在故乡雁荡山，想和你们谈谈时间。生活在 17 到 18 世纪之间的科学巨人牛顿，在他的巨著《自然哲学的数学原理》中极力想给"时间"一个明确的解释，他提出了"绝对的、真实的和数学的时间"，以及"持续、相对的、表面的和普遍的时间"，我们并不是活在绝对时间中。

地球上的生命其实一无所有，拥有的不过是匀速流逝中的相对时间。孔夫子在川上的千古之叹，与古希腊哲人"人不能两次踏进同一条河流"的睿智论断遥相呼应，永不过时。

这一年，我又读了许多关于时间的书，从《永恒史》《时间之书》《时间与他者》到《时间博物馆》《时间的种子》《时间的秩序》……其中有哲学书、科普书，也有诗集。

不知从何时起，我开始为这些关于时间的著述所着迷，当我刻骨铭心地意识到人类作为个体，拥有的时间如此有限，而所有的秘密几乎都藏在时间当中。我读哲学家、科学家、文学家论时间的书，我也为艺术家比如西班牙画家达利与时间有关的画所深深吸引。

再过几天，我在地球上呼吸就要满五十三年了。许多了不起的人在幽深的时间河流中，未能活到这个年龄，与他们相比，我算是幸运吗？我所敬重的一代学者王国维先生，在五十之年戛然而终。犹忆去年 10 月，你们曾在清华园纪念他的那块碑前和昆明湖他的投水处，背诵过他的知己陈寅恪先生执笔的碑文。今年 10 月，我们又在海宁盐官他少年时的旧居与他对话。你们熟悉的作家朱自清先生、郁达夫先生连五十之年都没能活到，或病故，或被害。但肉身的终结并不妨碍他们继续以其他方式存活在绝对时间中。

寻找母语教育的另一种可能

"时间是永恒的馈赠"，我喜欢英国诗人布莱克的这句话。它赠给王国维、郁达夫、朱自清，也赠给我，赠给你们。其实，古希腊哲学家柏拉图早就说过，时间是永恒的活动形象。但我更喜欢德国哲学家海德格尔的这句话："人不只是在时间里，他更会生成时间。石头、植物和大多数的动物，则只在时间里，它们并不会生成它。"

人可以生成时间，生成自己的时间，柏拉图有柏拉图的时间，王羲之有王羲之的时间，王国维有王国维的时间，郁达夫有郁达夫的时间……你们可还记得——2017年秋天我们在富春江严子陵钓台一起读《钓台的春昼》；2018年初春我们曾在雅典郊外的柏拉图学园废墟，坐在一块块石头上分享他的"绝对的美"；2018年暮春之初我们在兰亭一起背诵《兰亭集序》、共读宗白华的《美学散步》……

他们都不仅仅活在表面的相对时间中，而且生成了自己的绝对时间。这时间才是超越肉身的"黄金时间"。"触着每秒光阴都成了黄金"，年轻的北大学生何其芳《圆月夜》中的这句诗，多年后被美学家宗白华抓住。正是这句诗点亮了我的"黄金时间"，在疲于奔命、毫无意义的垃圾时间中活出自己的黄金时间，在任何时代都是一个无比诱人的题目。在魏晋南北朝的乱世中，陶渊明照样活出了自己的黄金时间，这句诗就是宗白华借来评价他的。

回望少年时光，我在故乡雁荡山，1980 年 11 月，我的习作第一次变成了铅字，转眼四十年矣。四十年，既长又短，是我努力生成的时间。而过去的一年，是我们彼此生成的时间，我们的"与世界对话"课堂，从蝴蝶、燕子、茶、竹、草、树、星星到石头、知了、萤火虫、梧桐、树叶、冰、雪、腊梅……我们春季的主题是"像树一样向上生长"，秋季的主题是"像云一样思想"。

我们读万卷书，也行万里路，从雁荡山到无锡，从西安到嘉兴、海宁，从法国、比利时、荷兰到德国，参与过"少年中国行""少年世界行"的部分同学，这一年和我一起去过国内的一座山、四座城，还有四个国家。明年，我们师生共同完成的第一本《与世界对话》课堂实录和习作选将要出版，《少年双城记（北京南京卷）》《少年西安行》《少年无锡行》《少年嘉兴·海宁行》也将陆续问世，更让我欣喜的是我们的"四季西湖与文化中国"走读课已完成大半，半年后即可完稿。

过去的一年，你们在背诵《古文观止》《唐诗三百首》，有的同学一年就背下了五十多篇古文名篇。

过去的一年，你们还跟随黄岳杰教授排练过梅特林克的《青鸟》，学习过《木兰诗》及《被缚的普罗米修斯》《哈姆雷特》《李尔王》《浮士德》等经典独白，你们自行演绎过顾毓琇的《岳飞》《荆轲》以及《基督山伯爵》《浮士德》和阿里斯托芬的《云》等作品。部分同学还跟随闻中教授上过泰戈尔《飞鸟集》的中英文对读课……

我们可以确定地告诉自己，这一年，我们在努力，我们在行走，我们没有虚掷光阴，没有让宝贵的少年时光成为流沙，随流失去。我们抓住了时间，而且生成了自己的时间。

在我眼里，你们就是一棵树，正在向下扎根，向上生长。你们也是一片云，是嫩云，是彩云，是终将点燃闪电的云。

过去的一年，我们"触着每秒光阴都成了黄金"。2019 年将终，但它已成为我们生命中的黄金时间。你们中不少人已找到属于自己的石头，无论是坚不可摧的磐石，还是不起眼的小石头，都一样具有不可更改的质地。

在即将告别 2019 的这个夜晚，我再次回到故乡，与朋友们一起跨年，去年跨年的主题是《回归》，今年的主题是《到雁荡山寻一块自己的石头》。我是看着雁荡山的石头长大的孩子，我曾多次告诉你们，我在本质上也是一块石头。也许我不是女娲手中的五色石，也非精卫所衔的小石子，我只是千万年造山运动中遗落的一块璞石，却一直与天上的云同在。

我少年时就相信一位诗人说的"给每一块石头插上羽毛"，它就会飞起来。这石头来自大雁的故乡，南来北往的大雁，以飞的姿态活在石头中间。到底是石还是雁，早已分不清。在看不见的时间分界线上，从 2019 年跨入 2020 年是如此微不足道，但你们又长了一岁，正如我又老了一岁。时间无情还是时间有情，已不重要，我只想将羽毛送给你们，愿你们插在自己的石头上，每一块石头都会慢慢飞起来。飞吧，孩子！期待我们共同的 2020 年！

2020 年新年致辞

愿你们是初夏的荷

孩子们，儿童节快乐！

我们错过了一个春天，一转眼就进入了初夏。前两天，今年西湖的第一朵荷花开了。五年级的曾彦文在《荷花开了》的开头这样写：

> "先生，荷花开了！" 5 月 30 号，2020 年西湖的第一朵荷花开了，真可谓是"湖里一枝荷，初夏独自开"呀！

我分享在朋友圈，一位朋友说你们就是初夏的荷。小荷才露尖尖角，杨万里的这句诗仿佛就是为你们写的。

捷克小说家昆德拉曾说过一句让我难忘的话："人的一生注定扎根于前十年中。"我想说，人的一生注定扎根于童年、少年的时光中。你拥有一个怎样的童年、少年，读过什么样的书，遇见过什么样的人，到过什么样的地方，见过什么样的花……这一切在不知不觉中将决定你最终成为一个怎么样的人。在本质的意义上，人是美学的存在，对于美的认识，也许就是从一花一草一木一鸟一虫开始的。

前些日子，有位记者问我——国语书塾的"与世界对话"课与目前通行的教育有什么区别？我的回答是：通行的教育往往以知识点为中心，更关注人的工具性，"与世界对话"课则以想象力为中心，更关注人的精神性，切入点就是审美。

因为疫情，我们这个学期的课几乎都是在线完成的，最初我担心会不会影响你们的学习，事实上，许多童子的课后习作证明了这种担心是多余的。在《与日落对话》课后，赵馨悦写了一篇《创世纪》：

……上帝说要有痛，世上便有了痛。耶稣被钉在十字架上，看着那片血红的斜阳，正像鞭子抽打着他，他死了。但血的斜阳也正是生的开始，庄严的红日映照着他，像伟大人物去世这样，悄然滑落。这时地球刚刚喊出一声"痛"！

远古的橡子落下，可能需要3秒钟。但天是那样远，地是那样深，又有巨大的阻力，所以太阳落下需要三分钟，太阳落下就像橡子掉落，今人和古人，隔着一条河，都在看落日而已……

不仅赵馨悦写出了这样具有独特审美感受，又有着瑰丽想象的文字，在《与桥对话》课后金恬欣写下了这篇《外婆桥》：

摇啊摇，摇啊摇，船儿摇到外婆桥。这一首童谣很早就出现在我的生命里……似乎是软软的调子，轻轻的声音……有着长长的拖音，婉转的，带着老人有些沧桑的嗓音，十足的吴侬软语……在童年的枕边摇晃，在美好的梦乡里摇晃。

生在江南，长在江南，土生土长的江南人。我在床的这一头，外婆在床的那一头。记忆里，她总是拿着一枚细细的绣花针，从这里穿进，从那头穿出。像河上的游船，灵活得恍若一条鱼。

…………

水，江南遍地尽是水。……我站在桥头看风景，是水，一切都是水酿造的幻想，最终都会被水所掩埋。桥呢？再宏伟气魄的桥，都跨不过一个时代。所以时间的此岸总是在变，而我们曾经的港口、故乡，最终都成了时间的彼岸。

……外婆驼了背，桥被岁月压弯了腰。记忆实在是太过于沉重，坚固如桥，都弯了腰。外婆走着她的桥，又长，又狭，又高。走着走着就驼了背，走着走着，就花了眼。她还是在缝缝补补，缝着衣服，补着裤子。她在那头，白发；我在这头，青丝。

一个少年的心思流淌在字里行间，如此纯真，如此结实，又如此有情有味。

在《与牛对话》课后，四年级的徐未央写出了《是它，踏出一个秋天》：

诗人聂鲁达问："你有没有发现，秋天像一头黄色的母牛？"我想了想，与其说秋天像母牛，倒不如说，秋天是牛用它勤劳的蹄子踏出来的吧。

大地刚一回春，耕牛就下地了。不论是黄牛还是水牯，都套上沉重的犁，卖力地从田的这一头迈向那一头……

一步洒下十滴八滴汗水，一天犁出二亩三亩的地。撞到石头也不吭声，热得直喘气也不停歇，甩甩尾巴继续干。耕牛的角上写满老实，额上刻满老实，声音里溢满老实，眼眸里盛满老实，就连足印也画出一朵朵老实的花……它从来只为主人埋头苦干，没有一句怨言。

……直到冬天，耕牛才能卸下今年的犁，和大地一起安静地休养，等待来年再踏出一个金秋。

国语书塾的课堂从来不教你们作文的技巧，甚至不教作文，写作是你们自己的事，我只是将你们带进一个个世界，比如这一期的课，风、雾、水、桥、日出、日落、牛、马、网、手、莲……一课一世界，我的用意只是最大限度地拓展你们的视野，围绕着一个个题目，在古今中外的文学、艺术、哲学中漫步，领略最美的风光，每个人的感受不一样，写出来的文字也不一样，没有一篇习作跟其他人是重复的。你们完全可以大胆的想象，虽然我一直提醒你们要小心地落笔。

在《与马对话》课后，付润石写了一篇《青铜骑士》，就找到了一个很大胆的角度：

……高傲的马，你将奔向何方？你的马蹄是力量，你的目光却是和平。你命运的主宰，在悬崖勒住帝国的马车。青铜的马匹，它的眼睛不再是漠漠的草原，马蹄过处，英雄的意志已经留下。

世界上没有丑的马，只有丑的人；世界上只有胜利之人，没有胜利之马。渴望胜利的堂吉诃德，临终也没有感受"驽骀难得"静静嚼着青草的美，它澄澈的眼睛看尽骑士的一次次惨败：滑铁卢的一分钟——这只眼睛看过，成吉思汗的马鞭——它看过，秦人与胡人的战争——它看过。但它就是嚼着干草，嚼着明月，嚼着历史——然后过隙而去！

…………

马群的奔跑是时间的流水线，马背上的骑士，辨不清是成吉思汗还是奥德修斯，不论是谁，其身影皆被浪花淘尽。青铜古马，是否还在眺望大漠长烟，长城水寒？

世界终于将目光投向青铜马。

青铜马终于沉默了。

在《与莲对话》课后，冯彦臻的习作《秘密》说：

> 荷花自出淤泥以来，不知见过多少蜻蜓、游鱼，不知被风吹过多少次……

这个句式很大气，很有力量，虽然看上去是那么简单。李点乐的习作《谁戏莲叶间？》如此开头：

> 莲花的一生是个画圆的过程，夏来，夏去，花开，花落，谁戏莲叶间？又有谁能进入莲千百年来画的圆中？
>
> 从"隰有荷华"开始，中国人的笔尖就开始染上莲的清香。无数人试图叩开它的心门，取走它的秘密……不知汨罗江中是否有一朵莲花，为屈原所化……
>
> 不知八大山人是否呼吸到莲的秘密？一朵朵永恒的莲花在墨色中绽放，他用笔画莲，用莲画自己，像一条鱼，以这种方式戏于自己的莲之间。

这样干净、自然的母语不是一朝一夕成就的，背后是二年半以来，他们在"与世界对话"课堂内外的问对、阅读、背诵，还有一次次的游学，他们付出了许多的努力，才初步体悟到母语的秘密。"读万卷书，行万里路"，从来不是一句空话。回想第一批来到国语书塾的童子们，他们初来之时，句子也写不通，笔下的文字生硬、无味、勉强，那是他们的"淤泥时间"，还没有成为出水的荷花。昨天我读到郑佳煜的一个好句子："在淤泥的时间里，莲仍是莲。"我相信每个童子都充满可能，都可以成为初夏的荷，洁净贵气，绽放自己。

文化面前人人平等，我特别喜欢 1987 年诺贝尔文学奖获得者布罗茨基的一句话。国语书塾期望通过以母语为中心的人文教育，来实践这句话，让你们从小就接触到人类文明中最宝贵的价值和美好的表达，在任何一个角落也可以拥有整个世界，并用自己的母语跟世界对话。

又一个儿童节来了，我给你们说这些话，也希望说给我不认识的孩子们听，你们是初夏的荷，要珍惜一去不返的童年、少年时光，即使在淤泥的时间里，你们仍然是荷。

开学了，又想起西南联大

早上起来，一位朋友转发了你们的同龄人写的一句话："太阳看着大，已经无力了，风也有了凉意。"确实，早晨的风中已带有凉意，时候毕竟已是秋天，我们又要开学了。想起不久前的盛夏，国语书塾的童子们在谷子山房上课，赵馨悦同学在银杏树下写下的两个开头：

这是一个重的时代，这是一个轻的时代。轻得果子掉落毫无声音，砸出的是人脑中的沉默，思考，思考。转动 360 度，看见重力牵引果核使果子掉落，沉重的吸引，轻柔的落下。每个苹果都是相似的，每个银杏各有各的节奏。

这是一个快的时代，这是一个慢的时代。上海的天光如此稀少，使人们的睡眠时间如门外果落一样短促。一颗银杏果落地，把我从梦中惊醒……

这是一个重的时代，这是一个轻的时代。这是一个快的时代，这是一个慢的时代。落笔之际，她一定想到了狄更斯《双城记》的那个开头，却又有自己真实而独特的领悟，她们当时曾捡到过落地的银杏果。

如果说这个世界正面临着百年未有的大变局，那是指第二次世界大战以来确立的全球秩序正在崩解中，而弥漫全球的疫情加速了这种崩解。这样的巨变，或许你们幼小的心灵尚无深切的感受，但你们一样处在这个大变局中。我曾无数次地想过——教育是什么，不就是在不断的变化中寻找不变的价值吗？即便我们身处变化无常之中，也自有人类要坚守的价值在。那是先秦诸子、古希腊的哲人们求问过的价值，是不同语言、不同民族、不同肤色的先贤们以不同方式，在不同领域不断探索、慢慢确立的美的价值、善的价值、真的价值，也就是不变的价值。他们或是哲学家、文学家、艺术家、科学家，或是以人类福祉为唯一追求的政治家、社会活动家，或是毕生以求真知为最高目标的读书人……正是他们将上帝赋予人的想象力和对公平、正义的渴望发挥到了极致，才有了我们今日拥有的文明。文明在哪里？既在看得见的形而下的器物层面，更在看不见的形而上的精神层面。文明指向的始终是人类的不变价值。我想起20世纪早期留学美国的梅光迪先生说过的一句话，历史不过是人类求不变价值的记录。一个健全的心灵就是由这样的不变价值造就的。这也是你们接受教育的全部意义所在。

多年来，西南联大在抗日战争时期的弦歌不辍，每每为人们所乐道，前两天我读最新一辑《老照片》，主编冯克力先生在后记中感慨地说，"殊不知，假如没有日本的入侵，避免了迁播流亡之累，这些高等院校在发展国民教育方面必然会有更骄人的成就。"他说得对，没有那场转移国运的中日战争，北大、清华和南开大学无须千辛万苦南迁边陲之地，师生在和平环境下追问不变价值，那当然更好。西南联大的传奇却要告诉人类，即使面临全面战争的大变局，人类依然要守护最珍贵的不变价值，哪怕千山万水、搬到偏远之地，也要保持弦歌不辍。战争爆发之初，对于战时教育的方向曾有过一番争论，有清醒头脑和足够常识的教育家、知识分子和官员（如蒋梦麟、胡适、王世杰）坚持常态教育的主张得以确立。这是多么重要的文明坚守，在大变中也要继续追问不变价值，而不是转向应急的暂时的战时教育。

在一个静寂的黄昏，西南联大的学生殷海光与教逻辑学的金岳霖教授一起散步，追问过老师一个问题："什么才是比较持久而可靠的思想呢？"老师的回答是："经过自己长久努力思考出来的东西……比如说，休谟、康德、罗素等人的思想。"

给中文系学生讲写作的小说家沈从文先生则经常对汪曾祺他们说："要贴到人物来写。"

无论哲学还是文学，在枪炮和炸弹面前都是那么无能为力，却是枪炮炸弹永远也胜不过的。多少年后，汪曾祺回忆西南联大的岁月，写过一篇《跑警报》，他想到的却是师生们回击日本飞机炸弹的三个字："不在乎。"正是这种"不在乎"，才有了历史系雷海宗教授的课堂上笔记最详细的那个女生，一字不漏地记下了他"现在已经有空袭警报，我们下课"这句话。

教育为什么？教育就是要让每个人通过教育能更清醒、更准确地理解人类的变与不变，无论时代环境面临怎样的变化，我们都能守护真实可信的不变价值，在文明的框架内理解时代的缺憾、人性的幽暗，并努力在自己身上克服这个时代。

教育重造文明、开启未来，从来不是写在纸上轻飘飘的的什么空话，就是《易经》说的"观乎天文，以察时变，观乎人文，以化成天下"。教育不是一步登天的事业，天上从不会掉下大馅饼。我更相信积累，日复一日的积累，只有积累，才会有可能突破，文明都是"积累性的突破"。

"人不读书，不能成人。"我又想起民国旧教科书上的这八个字，微言大义，将读书的重要性说明白了，"观乎人文，以化成天下"。从读书入手，人类的文明成果一代又一代累积在传世的书中，后来的人只需站在前人的肩膀上眺望未来，而不是从零开始，回到原始丛林。对于读书，最重要的当然是读什么样的书，如果不去读那些"经过自己长久努力思考出来的东西"，而是读那些被浮在时代水面上熙熙攘攘的东西，读那些虚假的昙花一现的东西，不读也罢。西南联大的校园里，金岳霖、沈从文、雷海宗，当然还有陈寅恪、吴大猷、钱穆这些先生，和殷海光、汪曾祺、穆旦、王浩这些学生，他们的背影都已远去。时代在急剧的变动当中，我想寻找的是那些渴望不变价值的心灵。"微斯人，吾谁与归？"我不相信这个问号回音空荡。银杏树下，果落无声，在无情的变化中，万物依然有着它不变的节奏，这一切唯有你们的心灵可以敏锐地捕捉到。我又想起了你们在星空下的歌声、欢呼声。

国语书塾 2020 年秋季童子班开学致辞

寻找童年的植物性力量

孩子们好!

又是一年将尽，在 2020 年的尽头，回望我们共同走过的三百六十五天，心中涌动的旋律是我少年时的那首歌:"……三百六十五里路呀，越过春夏秋冬……"少年鲁迅在南京求学时的校长俞明震先生曾写过两句诗:"读史难通今日事，闻歌不似少年声。"后一句曾被一位智者改为"闻歌不似少年时"。少年时，正是一生最美的时光。

一年前的今天，也就是 2019 年的最后一天，我在故乡雁荡山与几个朋友一起在凝碧潭畔捡了几块石头，当夜我给你们的新年祝词就是《给每一块石头插上羽毛》。那时，我们都没有想到一场席卷整个地球、冲击全人类的疫情已悄悄发生。没多久，我们前往葡萄牙、西班牙的游学行程被迫中止。从 2 月到 5 月，我们不能见面，甚至不能出门，只好在线上课。我们的第一期"西湖走读课"，也错过了孤山问梅，错过了苏堤桃柳，错过了整个春天。直到 5 月 16 日恢复"西湖走读课"，去龙井问茶，节气已是立夏。幸好有个诗人（张德强）为我们预备了这几句诗：

> 虎跑水龙井茶
>
> 泡了一个澄碧的夏天
>
> 在杯中

夏天，我们不仅不能如期前往英伦，去剑桥寻梦，去牛顿、莎士比亚的故乡寻梦，去演绎《哈姆雷特》，甚至连寻找西南联大的昆明之行也未能成行。好在这一年也没有白费，我们如期完成了"与世界对话"三十多课，还完成了绍兴、雁荡、西湖的游学和谷子山房的第一期写作营，行走、读书、背诵、游学、写作、问对、表演，寻找萤火虫、仰望星空……这个"只能写满一张薄纸的夏天"也成了你们不少人"永恒的夏天"（六年级陈胤涵语）。

这一年，许多同学读了不少好书，背诵了不少古文、古诗，五年级的李了、陈奕名已背诵了古文名篇五十三篇、五十八篇，李了将司马迁的《太史公自序》也背下来了，下个月的休业式上有好几位同学也想挑战这一篇长文，跟李了一起背诵；六年级的陈天悦不仅在写作、戏剧表演上进步很大，古文背诵也很惊人，十个月就背了四十三篇，她说要在一年背出六十篇，最近她已将《太史公自序》背下来。她很快追上了袁子煊、叶悠然、王旖旎等，成为国语书塾第二届童子中最出色的之一；张禾自绍兴、西湖游学以来，写作和思考明显有了变化，这一年他为班里的同学开了五期"小禾阅读"专栏，介绍《呼兰河传》《巨流河》等名著，有板有眼。

赵馨悦、付润石、金恬欣、冯彦臻、李点乐、刘艺婷他们在完成《与世界对话》课之后，开始更深入的学习，八月底以来，围绕着"橘子的世界""唐诗中的大唐时代""滑铁卢战役""为一座城立传"，他们读了沈从文的《长河》、琦君的《橘子红了》、陆威仪的《哈佛中国史(世界性的帝国唐朝)》、阿克罗伊德的《伦敦传》、茨威格的《人类的群星闪耀时》、雨果的《悲惨世界》、伯纳德·康沃尔的《滑铁卢：四天、三场大军和三次战役的历史》、齐邦媛的《巨流河》、林语堂的《苏东坡传》等，写出了许多令我眼睛一亮的习作。曾子齐、黄若瑜、陈涵、章宗杰、黄孝睿等也在审美力、思想力、想象力方面有很大的进步。

你们正在一个阶梯一个阶梯地向上攀登，从古诗文背诵开始，在古老的抒情传统中不断汲取美的滋养。在贯通古今中外的"与世界对话"课上，你们开始探寻教育的东西之美。这条探寻古今东西之美的路，古希腊哲人柏拉图在《会饮篇》中早就说得清清楚楚，每一个接受美感教育的人——

"第一步应从只爱某一个美形体开始，凭这一个美形体孕育美妙的道理"；"第二步他就应学会了解此一形体或彼一形体的美与一切形体的美是贯通的"；"再进一步，他应该学会把心灵的美看得比形体的美更可珍贵"……如此逐步向前，到后来，"他凭临美的汪洋大海，凝神观照，心中起无限欣喜，于是孕育无量数的优美崇高的道理，得到丰富的哲学收获。如此精力弥满之后，他终于一旦豁然贯通唯一的涵盖一切的学问，以美为对象的学问。"

前几天，曾与我一起去希腊寻找柏拉图学园遗址的挚友陈忠先生又在重读他喜欢的《会饮篇》，他将柏拉图的说法概括为"美的阶梯喻":"由下到上、由经验到超验、由形下到形上对美的认知,直至仰望美的汪洋大海。"

你们现在正在"美的阶梯"上向上攀登,虽然刚刚开始,但我深信你们中多数人能登上去。我想起2018年初春,雅典郊外的柏拉图学园遗址,坐在那些光洁的石头上,跟赵馨悦、冯彦臻、黄若瑜、李益帆她们分享过柏拉图论"绝对的美":

> 这种美是永恒的,无始无终,不生不灭,不增不减的。它不是在此点美,在另一点丑;在此时美,在另一时不美;在此方面美,在另一方面丑;它也不是随人而异,对某些人美,对另一些就丑……它只是永恒地自存自在,以形式的整一永与它自身同一;一切美的事物都以它为泉源,有了它那一切美的事物才成其为美……
>
> (朱光潜译)

这位二千四百年前的哲人说"这种美本身的观照是一个人最值得过的生活境界",正是基于他对"绝对的美"的理解,他提出了"美的阶梯说",那是从童年开始的阶梯。

　　我少年时读印度诗人泰戈尔的《飞鸟集》，读到这一句"上帝等待着人在智慧上重新获得童年"，当时不大明白。在盼望着快点长大的童年、少年时代，很难理解为什么还要"重新获得童年"。终于有一天，我读到比利时作家弗朗兹·海伦斯的一句话："人的植物性力量存在于童年之中，这种力量会在我们的身心中持续一生。"他说，"童年并不是在完成它的周期后即在我们身心中死去并干枯的东西。它不是回忆，而是最具活力的宝藏，它在不知不觉中滋养、丰富我们不能回忆童年的人。不能在自我身心中重新体会童年的人是痛苦的，童年就像他身体中的身体，是在陈腐血液中的新鲜血液：童年一旦离开他，他就会死去。"

　　这是生命的秘密，甚至可以说，人的一生就藏在他的童年里。

　　刘再复先生在《童心百说》中说："我虽不完全了解海伦斯的'植物性'内涵，植物永远平实与清新，它是植根于大地并和大地连成一体的没有侵略性和攻击性的力量，是天然而经久不衰地播放着花叶芳香的力量。人一旦丧失天真，便是丧失植物性。一个只有动物性而没有植物性的人，不是一匹狼便是一匹狐狸。"

　　简而言之，植物性力量首先是向下扎根的力量，将根系慢慢地扎在大地深处，汲取土地的养分，然后也是向上生长的力量，不断地朝着阳光、天空伸展。这与动物性的欲望不一样。

守护童年的植物性力量，寻找童年的植物性力量，与自然、与人类有文明以来的人文传统融为一体，这也是获取植物性力量的重要途径。弗朗兹·海伦斯曾引用德国诗人荷尔德林的话："请别过早将人从草棚中赶出去，童年曾在草中流逝。"

我知道，植物性力量不会从天而降，需要去发现、去寻找。为此需要有空间和时间，我最近常想到"教育留白论"，无论在空间还是时间上，都要给童年留白。比空间上留白更重要的是时间上留白，如同中国画的留白一样。这几句话是给你们的父母说的，请你们的父母高抬贵手，不要把你们—— 一个属于未来的孩子的时间填满，为你们的童年、少年留白，盼望他们也能明白被各种培训班填满的孩子将不会有更好的未来。

在 2021 年的钟声敲响前，我把最新对"美的阶梯说""童年的植物性力量""教育留白论"的心得分享给你们和你们的父母，愿你们新年快乐，在新的一年获得更饱满的植物性力量。

2021 年新年祝词

梅花如雷，是梅的智慧

各位少年，大家好！

  站在庚子年的尾巴，我已看见辛丑年的春天。两百年来，英国诗人雪莱的诗句不断地被整个人类重复：如果冬天来了，春天还会远吗？而此刻，西湖的梅花已在发布春的消息。立春的第二天，我带着二三十个少年到孤山问梅。我想到自己少年时第一次遇到全祖望的《梅花岭记》，因为排版之误，读到的不是"梅花如雪，芳香不染"，一直以为是"梅花如雷"，甚至惊叹于作者想象之奇妙。心想——梅花如雷，是要唤醒整个春天吗？如果按正常的思维，谁能将梅花与"雷"连在一起？母语的奇思妙想有时候竟需要一次误排来引领。而一个人少年时的相遇，将会进入生命的深处，化为一生的精神源泉。

我深信，在你们最好的年华，遇见什么样的书、什么样的人，到过什么样的地方，将决定一生的走向。捷克小说家昆德拉说："人的一生注定扎根于前十年中。"而法国哲学家加斯东·巴什拉说得更清晰："在人类的心灵中有个永久的童年核心。""世界的宏伟，深深地扎根于童年。"童年、少年的时光如此美好，又如此短暂。

这次"孤山问梅"是国语书塾第一期西湖走读课的其中一课，本来应该在近一年前的初春完成，因遭遇前所未有的疫情，错过了一个春天，也就错过了一年。原定庚子年荷花开时这一期西湖走读课就能完成，结果到辛丑年春天桃花开时，也不知延误一年的最后一课"苏堤桃柳"是否能如期进行。但是谁敢说延误一定就不好呢？至少你们的母语表达水准提升了不少。这从你们孤山问梅时当场完成的习作即可看出。

少年刘艺婷的《聊赠一枝春》写道：

> 那一刻，梅花认识了这个叫林逋的人，那一刻，梅花不仅仅只是梅花。
>
> 那一刻，林逋站在时间之上，站在所有的皇帝、

文人、隐士之上，与梅花站在一起。

那一刻，林和靖收到了一枝梅花和一封信。信纸是浮动的暗香，香中有黄昏的味道。信笺上用月光写了两句诗："孤山无所有，聊赠一枝春。"

少年赵馨悦的《开门雪满山》有这样一段话：

在西湖中钓梅，钓到的梅花倾泻在船上，摊开如一部中国史，为什么不是一幅中国画？因为梅花难画，因要画得它静，而千年前的梅花如现在的梅花都是动的，有宋代皇帝的称赞，但也被王冕、金农他们神奇的圆圈画出来了，圈定了立春的模样。

少年黄若瑜写下《梅的俗事》，如此开篇：

梅绽开，绽开一座冷清的孤山；鹤飞了，长长的双足在西湖的水上划出美丽的弧线，划出苏东坡、辛弃疾、马致远、张岱、林则徐、朱自清、金庸……长长的回声，以梅庄为舞台。即使他们种下了一千棵古典的梅花，也敌不过林和靖的梅林，三百六十棵梅，如三百六十个日子织就的隐士生活。

少年李点乐的《梅花落》说：

> 梅花开给穷人，也开给富人，梅花开给俗人，也
> 开给隐士。有权有势不一定能享受梅花，贾似道与一山
> 梅树相对而望，他的眼里却只有蟋蟀。紧闭的朱门弥满
> 了酒肉味，又有几人能懂得梅花呢？穷人也可以享受梅
> 花，王冕虽一贫如洗，可他依旧能醉倒林和靖的梅花世
> 界，画出一枝枝墨梅。

我曾多次告诉你们加斯东·巴什拉的这些话："童
年、少年看到的世界是图绘的世界，带有它最初的色彩，
它真正的色彩的世界。"这个图绘的世界有花开花谢，
梅花谢了，梅树还在。你们的习作是白话与古典的对话，
在与林和靖相隔一千年的时间裂缝里，你们看到了梅的
精魂，领悟了暗香疏影的秘密。我想起比利时作家、获
得过诺贝尔文学奖的莫里斯·梅特林克写的一段话——

> 植物的世界如此平静，如此顺从，似乎一切都循
> 规蹈矩、寂然无声，但事实却是恰恰相反……力量从黑
> 暗中固定的根部生成，在花朵中成形绽放，这一过程就
> 是无与伦比的奇迹。植物本身只有一个目标：逃离依附

地面的命运，摆脱沉重严峻的自然规律，解放自我，突破狭隘的空间……我们会看到，花朵是坚忍不拔、勇敢无畏、富有独创性的，这一点为人类树立了叹为观止的榜样。

梅也不例外，而且更为坚忍不拔、勇敢无畏、富有独创性。这是梅花的智慧，疏影横斜、暗香浮动只是其智慧所呈现出的美。梅花如雷，是梅的智慧。辛丑年已在敲门，愿你们从梅花的智慧中获取灵感，请相信童年有一种植物性的力量在生长，莫辜负了少年时！

庚子除夕致少年

从形象到观念

2021 年的最后一天，我在冬日的阳光下继续读法国思想家卢梭的《爱弥儿》，这是一本谈教育的书，当然也不仅是谈教育。他说："我们生来是软弱的，所以我们需要力量；我们生来是一无所有的，所以需要帮助；我们生来是愚昧的，所以需要判断的能力。我们在出生的时候所没有的东西，我们在长大的时候所需要的东西，全都要由教育赐予我们。"

我们在呼吸 2021 年最后的空气，将要降临到我们生活当中的 2022 年同样充满了各种不确定。在现实面前，所有的大词、好词似乎都显得空洞、虚无，甚至别扭。

卢梭说："生活，并不就是呼吸，而是活动，那就是要使用我们的器官，使用我们的感觉、我们的才能，以及一切使我们感到我们的存在的本身的各部分。生活得最有意义的人，并不就是年岁活得最大的人，而是对生活最有感受的人。"

真正好的教育就是要让一个孩子成为"对生活最有感受的人"，也就是能承受幸福和忧患的人。世人总是追求幸福（虽然每个人对幸福的理解也许不一样），而想回避忧患。而这个世界上并不存在没有忧患的幸福，二者就如一个硬币的两面，从来都分不开。两千多年前，孟子说"生于忧患而死于安乐也"，安乐未必就是幸福，忧患却可以让一个人始终对生活保持警醒。

对此，卢梭这样说："我们要真正研究的是人的地位。在我们中间，谁最能容忍生活中的幸福和忧患，我认为就是受了最好教育的人。"所以，学历最高的人并不见得就是"受了最好教育的人"。在这里，我不想用"容忍"这个词，而更愿意说，谁能最大限度地承受生活中的幸福和忧患，谁就生活得最有意义。教育的目的本来就不是教人脱离生活，陷入支离破碎的知识点中，并能正确地完成各种习题，而是高于知识碎片，高于不同的习题，归根结底是要叫人知道在一切习题之上，在汪洋大海般的知识碎片之上，还有生活本身的意义，要成为对生活最有感受的人，包括拥有同情、怜悯和爱的能力。

印度诗人、亚洲第一个诺贝尔文学奖获得者泰戈尔，在四十岁之后亲自创办学校，成为教育家。他说："我们来到这个世界，不仅是要认识它，还要承受它。依赖知识，我们可能会变得强有力，然而，只有依赖同情，我们方能获得完善。最高的教育应是，不仅给我们以信息，而且要使我们的生命与万物和谐统一。然而，我们发现，在学校中，同情心的教育不仅被系统地忽视了，而且受到严厉的压制。"

我想起今年夏天，我和孩子们在翠湖边上课，那是昔日西南联大师生经常散步谈天之处，我们读到何兆武的《上学记》，有一天黄昏他与王浩在湖边谈天，下雨了也不管不顾，聊了两个小时，浑身都淋湿了。那天，他俩谈的问题中有一个很哲学的问题，"如果上帝答应你一个要求，你会选择什么？金钱、爱情、事业、名誉？或者其他？"何兆武当时正在读德国诗人歌德的书，歌德的回答是会选择"知道一切"……王浩后来去了美国，成为数理逻辑学家。何兆武留在了中国，成为翻译家、中西思想文化史学者。那一天，围坐在翠湖边的孩子们也讨论了这个问题，许多孩子选择了相似的答案。"知道一切"，就得承受一切，无论幸福还是忧患。这是教育应有之义。

那一刻，我们讨论的这个问题已属于观念的层面，有些抽象。在很长的时间，我几乎不跟孩子们谈观念，而是着力于形象。我认同卢梭在《爱弥儿》中说的这些话：

"尽管记忆和理解是两种在本质上不同的本能，然而两者只有互相结合才能得到真正的发展。在达到有理智的年龄以前，孩子不能接受观念，而只能接受形象；但是，两者之间有这样的区别：形象只不过是可以感知的事物的绝对的图形，而观念是对事物的看法，是由一定的关系确定的。一个形象可以单独地存在于重现形象的心灵中，可是一个观念则要引起其他的观念……

所以我认为，孩子们因为没有判断的能力，因此也就没有真正的记忆。他们记得声音、形状和感觉，然而却很少记得观念，更不用说记得观念的联系了。"

我一直向孩子们强调形象的重要，2017 年进入 2018 年，当时九岁的益帆写下一句："时间像子弹一样穿膛而过。"我为他写出这个句子而无比欣喜。我不断地启发孩子们，要从声音、线条、颜色、气味去寻找感觉，用自己的语言来表达。爱画画的刘艺婷化用白居易、苏轼和张岱的名篇，写出了她的《西湖色》：

> 白居易喜欢鲜嫩的颜色，他大笔一挥，将春天浅草的颜色混入明丽的桃色中，再加几笔莺啼添上一点燕声，这新生的颜色，便是春天。而苏轼与白居易不同，他偏爱浓墨重彩，他将黑色的乌云与飞溅的雨珠调和，再添上一些狂风，加上巨浪，这西湖一下被他调得惊涛骇浪。而张岱与他们都不一样，他选用的是雪的白色，而这白色又不是单一的白色，纯白中混着红色的炉火，还飘着一些酒香，以及知己相遇的温暖颜色。

但一个孩子不能一直停留在形象中，终究要走向观念，从记忆到理解、从形象到观念，这是必须迈上来的台阶，是成为"对生活最有感受的人"必须走的路。观念不是对形象的否定，恰恰相反，观念也是从形象中生长出来的，从橘子的气味、颜色和形状中，才可能形成橘子的观念。幸福并非物质性的，其内涵是超物质的，只有"对生活最有感受的人"，才有足够的能力理解它、承受它。教育从始至终就是要提升一个人对生活的感受，从形象的把握入手，渐渐上升到观念的领悟。在教育的过程中享受教育，也就是在生活的过程中享受生活。泰戈尔说，"我们的教育宗旨必须是人的最高目的，即灵魂最全面的发展和自由。"而他表达这一观念的背后，却是从未失去对大千世界无比丰富的形象的把握。

从 2021 年跨入 2022 年，不过是地球的转动，时间的流逝从来不是为了让一个人泯灭童心，而是保持无比珍贵的童心，保持对万事万物的"惊奇感"（或者说是好奇心）。泰戈尔曾说："我有幸具有那种惊奇感，它使孩子能进入存在核心的奥秘宝库。""对我来说，最重要的事情就是我的意识从未对周围世界的事实感觉迟钝。云彩就是云彩，一朵花就是一朵花，这已足够了，因为它们是直接与我谈话的，因为我不会对它们无动于衷。"

一个人不能只用肉身的眼睛去看花、看云，而是像泰戈尔那样开始通过灵魂的眼睛去看周围的世界，他因此看到沉默的树木从大地深处升起无言的诗歌，连孩子们的笑声和喊叫声，在他听来也像是树木从人类生命深处发出的活生生的声音。

我之所以将我的课叫做"与世界对话"，就是希望孩子们学会与一朵花、一片云、一个苹果、一块石头……乃至天地万物的对话，面对周遭这个世界时，不是感觉迟钝，而是始终保持着一种"惊奇感"，从形象起步走向观念，成为"对生活最有感受的人"，足够承受幸福和忧患。

别了，2021 年。这些话已是朝着 2022 年和未来的时间而写了。

第三辑

寻找纯正母语

以纯正母语与世界对话

　　什么是纯正母语？我想，也许找一千个人来问，你可能会听到一千个不同的答案。因为每个人对母语的理解、对纯正母语的理解，可能都不一样。这个世界是没有标准答案的，尤其在语言的世界里，要寻求标准答案是一件冒险的事，我当然不是来提供标准答案的，我只是来提供参照系的。

　　这个世界最需要的是参照系，你有什么样的参照系，你就能看见这个世界真实的样子。如果你失去了参照系，你所看见的可能都是虚假的。

　　我是给各位小朋友送参照系的，我送给他们无数不同的参照系，他们就能知道什么是纯正母语，什么是不纯正母语。也许到最后我们都不知道标准答案是什么，但是我们却凭我们的心体悟到什么是纯正的母语、什么是不纯正的母语。我们只要知道什么是不纯正的就够了，因为你知道了什么是不纯正的，你就避免了那个不纯正的，你就有可能说出纯正的母语、写出纯正的母语。

今天晚上我们在这里说的是普通话，不是温州话。我的普通话是台州腔的普通话。虽然我是温州人，但是我们家乡使用的却是台州方言，我的普通话没有孩子们标准，孩子们读得都比我好，我不是来教他们念普通话的。

纯正母语当然不能简单地等同于普通话，这是我的第一个看法。我不会讲温州话，我在杭州住了二十多年，但我不会讲杭州方言。正如杭州方言不是纯正母语，温州方言、台州方言同样也不是纯正母语，纯正母语跟方言无关，跟普通话无关。

那么，什么才是纯正母语？那是没有被污染的、干干净净的母语，也是世世代代积累起来、与过去的时间连接在一起的母语，她是扎根于大地深处、生活的底部又高于日常生活语言的母语，她是文化意义上的，而不是停留在口语表达上的母语。

在我心中，纯正的母语就是数千年来中国文明史中一代又一代最有智慧、最有才华并且最具有表达能力的人，通过自己的努力，不断地累积起来的一种独特的汉语表达方式。从《诗经》《论语》《楚辞》《老子》《庄子》一路下来，穿过《古诗十九首》、陶渊明、唐诗宋词元曲，穿过四大古典小说，穿过鲁迅胡适，穿过沈从文张爱玲，穿过王鼎钧齐邦媛，一直穿过傅国涌，穿过今天晚上站在这儿的童子们。

我觉得这个脉络是一个时间的脉络。纯正母语从哪里来？我的答案是从时间中来，它是几千年来一步一步建立起来的，中国人对自己所使用的语言的信心，对自己语言的理解，对自己语言独特的一种表达。

第二，我想说我们的纯正母语从哪里来。毫无疑问是从空间中来，从地理空间中来的。它是亚洲东部大陆这一特殊的地理单元所使用的语言，不是希腊语，也不是英语，我们用自己独特的方式来表达对世界的理解，对人性的理解，对一片树叶的理解，对一块石头的理解。

从刚才童子们分享的习作中，我看到了纯正母语的一点点影子，比如听到了他们从石头里领悟到的一个个秘密。他们从石头里听出了孙悟空、女娲，也听出了希腊神话中的普罗米修斯、西西弗斯；他们从石头里听见了历世历代以来中国和世界上的不同文明单元的人们，对于石头寄予的那些美好或丑陋的意象。

第三，我说的纯正母语是不是停留在中国，也就是关起门来拒绝英语世界、希伯来世界、希腊世界对我们的母语的影响呢？答案在我心中是否定的。

进入19世纪之后，当翻译家陆续把东西方那些重要的作品，无论是印度的、日本的，还是欧洲世界、美洲世界的，翻译成中文，莎士比亚就变成了我们母语的一部分，希腊悲剧、荷马史诗、但丁、歌德、雨果、托尔斯泰、亚当·斯密、孟德斯鸠、爱因斯坦，毫无疑问也化作了我们母语的一部分。可以说，翻译家们参与了重新建造新的母语体系。为此，我们要向严复、林纾、朱生豪、查良铮、许良英、蓝英年这些翻译家们致敬。如果排除了这些人类文明最宝贵的精神资源，将母语限制在从《诗经》到《红楼梦》这个框架之内，我们的母语也会慢慢枯竭，乃至被世界淘汰。

一种母语能不能有生生不息的活力，能不能在未来的几千年甚至更漫长的时间里继续保持活力，并且发展出更有生命、更有力量的一套话语，建造起一套新的精神秩序，取决于我们的包容性有多大、开放性有多大。

换句话说，我说的纯正母语是在文化意义上的定位，它的"根"一头扎进遥远的《诗经》《论语》《庄子》《离骚》，它的"枝"则伸向遥远的大洋彼岸，吸纳世界上一切的营养、资源，然后重新释放出来的母语，这才是真正具有世界宽度的母语，而不是固步自封、自我设限的狭隘的母语。

到底纯正母语是什么，我仍然没有办法给她下一个定义，或者给出一个结论，但是我清楚地告诉自己，在我心中，纯正母语从来都不是死亡的母语，她是活着的母语，永远朝向生的母语，而不是朝向死的母语。她具有纯粹性，始终守护着古老民族悠久的文化，同时又具有开放性，面朝整个世界，面朝未来，她不是封闭的、停滞的，她是流动的，仿佛一条活水的江河，滔滔不息，从古代一直流到现代，还将继续流下去。

当我发现我所生存的这块土地，长期以来，我们的母语教育已变得支离破碎，像一地的碎玻璃渣子一样，我为此感到心痛，心痛得难以接受。

2017年9月，我做了一生中最重要的决定之一，我想我还有没有可能为未来的岁月、为我们的母语教育做一点非常非常小的事情。虽然我个人的时间、精力、资源都十分有限，我的健康也不佳，我能做的也一定十分有限。但我想试一下，有没有可能找到童子六七人，与他们一起来读世界，与他们一起用纯正母语与世界对话。在告别讲台三十年后，我回到了儿童教育的第一线。

我将母语课叫做《与世界对话》，他们跟我学了三个月，时间非常短。三个月中，一个孩子能学到多少东西呢？我不知道。但是我从他们身上看见了未来，看见了一种可能性。这种可能性来自两个方面：第一是家长对我的信任，第二是孩子对我的信任。

孩子们真心地感到跟我一起读世界是一件美好的事，他们就坚持下来了。我不知道他们能坚持多久，同样我也不知道我能坚持多久。这一切都不是我能决定甚至也不是孩子们能决定的，但这一切都是多么的次要。因为在这个过程中，我们彼此已经看见了一个更美好的世界，我在他们身上看见了将来——一个使用纯正母语与世界对话的中国。

孩子们终将迎来他们的黄金时代。那时他们已有足够的智慧和能力，也有足够的资源参与到与世界对话的进程中。也许我看不到这一天的到来，但我愿意为这一天的降临尽一些微小之力。

我不仅用这样的母语表达自己的思考，我用这样的母语与世界对话，并且带童子们一起与世界对话，他们的世界注定比我更大。"读万卷书，行万里路。"我把国人熟悉的两句话分解成两个步骤来做我的儿童母语教育实验。我做的教育实验也许是可以忽略的史上规模最小的课余教育，只是面向"童子六七人"。

但这是一个美好的起点，也给了我不少的感悟。我发现与世界对话，从孩子开始比从大人开始一定要更好，这是毋须论证的事情。

我十分遗憾在我的童年少年时代，没有读过荷马史诗，没有读过古希腊的悲剧，没有机会接触到罗马灿烂的文化，甚至没有看到过达·芬奇的画、米开朗基罗的雕塑，也不知道世界上有莎士比亚。等到我二十岁左右才去接触他们的时候，我发现原来世界上有这样的文学、这样的艺术。但在我的整个童年少年时期，我对他们完全陌生，失去了学习的最佳时间点。即使我用我毕生精力去弥补这些缺憾，我仍然不可能站在世界的制高点上了，因为机会早在我的童年少年时期就已经丧失。

我相信一个人的一生，其实就是他的童年少年的放大版。你的童年少年有什么样的遭遇，有什么样的造化，遇见什么样的作品，遇见什么样的老师，你一生的高度常常就被决定了。也就是说，一棵树的高度是由它的根部决定的，而不是由它的顶部决定的。我不知道你们是否会同意这句话。

孩子就是在扎根的时候，把根系扎在那里，他以后要长多高，都已被最初的那些相遇决定了。人生事实上非常短暂，我知道我不可能还有五十年的生命，但在有限的这个过程中，如果有机会让孩子接触一个更加辽阔的世界，一个更加深远的世界，从小就跟人类最高贵的那些灵魂接触，跟最高水准的艺术作品、文学作品、哲学作品相遇，哪怕他不太懂，半懂不懂，甚至一点都不懂，又有什么关系？

我常常用自己的内心去打量这个世界，不愿跟着主流的意见走。我觉得，老是让孩子看那些低幼的书，对他们的帮助真有那么大吗？这是一个"问号"，天大的问号！但是全中国那么多的老师，都会告诉孩子要读低幼的书，这是我跟他们的不同意见。但是我相信，低幼的书读得再多仍然是低幼的，永远也长得不高。我主张孩子从小读一点看不懂的书。总是看一些低幼的书，整个都是在一种消费状态之中，从小就是阅读消费、娱乐消费的产物，长大了仍然是一个消费者，永远都不会变成自己。

"消费者"与"人"是两个不同的概念，你走进任何一个商店，营业员自然希望你把钱包掏空，把信用卡刷爆，对不对？在他们眼里，你首先是一个消费者，删除了"消费者"的身份，你在那一刻也许等于零。

在这个世界上，比消费者更重要的是，是一个一个的"人"，有生命的、有理想的、有热情的"人"！

我发现，现在的孩子都过得特别苦。今天上午孩子们与自己的童年对话，他们笔下的童年多数是暗淡的，只有三四个同学还有一些亮色。许多人不约而同地说："我的童年太苦了。"那么多培训班，那么多作业，那么多考试，那么大的竞争，这样的重担天天压在他们的身上。他们说自己的童年并不快乐，充满了怨言，甚至充满了悲苦。我从他们的笔下看见了儿童心里的真实想法。

我告诉童子班的孩子：你们到我这里来，一起读世界，不是读什么培训班。你们来我这里，不是接受什么培训的，因为我没有能力培训你们。我甚至都不大关心你们在知识点上的长进，我更关心的是知识点之间的关联性，知识点之外的无限世界，我更关心的是你们的审美力、想象力。我关心的是通过我的帮助，你们跟世界之间是不是能建立起越来越多的线索，我会帮助你们连接到莎士比亚那里去、连接到泰戈尔那里去、连接到东山魁夷那里去。让世界上那些伟大的作家、画家、诗人、哲学家、科学家……，为人类做出过巨大努力的人都有可能与你们连接在一起，你们与他们站在一条地平线上。到那个时候，你们难道还会找不到安身立命之地，还没有足够的底气与世界对话？还会为应试、就业忧心忡忡吗？

与世界对话的起点在哪里？或者说与世界对话的立

足点在哪里？与世界对话的起点、立足点，就是那些已经被时间不断证明的最美、最真、最善的价值。人类在这个地球上，不过是一个匆匆忙忙的过客，此外还有什么可求的？我想人类在地球上真正要求的还是跟美的善的真的有关的那一切。

我想与孩子们一起读世界，就是让他们看见世界上美的善的和真的，而不是要让他们在这个世界上去寻找每一个支离破碎的知识点中那些简单的标准答案，尤其在母语世界或者语文世界，老实说常常是没有绝对的标准答案的。

我的《与世界对话》课，只是要让每个孩子打开一扇更大的窗户，让他看见：世界原来是这么大，我是这么小。凭我一生的努力，我所看见的还是那么有限，但是我可以努力让我的一生站在一个更高的平台上去看这个世界，而不是站在一个更低的平台上去看世界。

从这个角度说，与世界对话，其实也是与自己对话，让自己飞得更高，飞得更远，也飞得更稳。

2018 年 2 月 9 日在温州半书房的演讲
根据录音整理

语文从春天开始

语文从春天开始，准确地说，其实应该是——好的语文从春天开始。

我想起中国有个古人，他叫丘迟，写了一封劝降书给一个叫陈伯之的人。这封《与陈伯之书》在历史上很有名，其中四句早已成为关于春天最美的一个说法："暮春三月，江南草长，杂花生树，群莺乱飞。"这封信因为这十六个字而广为流传。人们想到春天的时候，常常会想到这十六个字。迄今为止，丘迟的这封书信还在被广泛地传阅，也许他其他的话，我们不大记得住，但这十六个字却不会被遗忘，这就是语文的魅力，这让语文也跟春天连接在了一起。

我又想起另外一封信，吴越王钱镠曾给他的妻子写过一封信，王后回娘家去了，他蓦然想起春天来了，妻子却不在身边，他就写了一封信说："陌上花开，可缓缓归矣。"简单而朴素的一句话，却传递了春天的无言之美，这封信被苏东坡记下来了。

我们可以想见，这些信不是专门为赞美春天的美而写的，只是生活当中伸手拈来，自然成篇。他们只是把自己心中对春天最美好的想象、最纯粹的描述传递出来，却成了千古不灭的文字。好的语文是从春天来的，好的语文是从生活中来的，它是自然而然地生成的，常常不是刻意雕琢出来的。我们知道唐宋时有很多的好诗好句，那些关于春天的句子人们脱口就能背诵。比如说，"春江水暖鸭先知""红杏枝头春意闹""深巷明朝卖杏花""夜来风雨声，花落知多少"……这些诗句背后就是语文与春天。所以，想到语文时，我常常想春天里能变出更美的句子来。南北朝的时候，谢灵运到温州做太守，他就写过："池塘生春草，园柳变鸣禽。"这是多么自然的句子，没有任何的雕琢，就是池塘里长出春草，柳树上处处鸟鸣，却成了千古名句。

我们常常觉得春天是如此之美，用什么样的文字才配得上这样美的春天呢？所以，人们会不断地尝试用最美的文字写出跟春天匹配的句子，语文也不断地被更新，创造出越来越好的句子来。宋代有个词人晏殊，他写过一首词，其中有几句："无可奈何花落去，似曾相识燕归来。"这是春天快要结束了，花都要落了，燕子回来了。过了将近一千年，白话文作家朱自清在他的散文当中，也写出了这样的句子，"燕子去了，有再来的时候。杨柳枯了，有再青的时候。桃花谢了，有再开的时候。可是聪明的你告诉我，我们的日子为什么一去不复返呢？"

你有没有觉得——晏殊笔下"无可奈何花落去，似曾相识燕归来"的意思，都已藏在了朱自清的白话文里面呢？白话文吸取了那些古典文言和诗词的精华，把现代人对春天的理解重新表达出来，变成了我们今天看到的像朱自清这样的文字。我想说不仅古典的诗词、文言可以表达出春天的美，白话文同样可以表达出春天的美，哪怕是我们通过翻译，把其他民族的作家关于春天的作品翻译成汉语，我们一样可以看到、听到、闻到、感受到春天的那种美好。

我手头有一本《林中水滴》，是俄国作家普里什文的散文作品，他关于春天有很多非常美好的说法，比如他把春天分为光的春天、声的春天、水的春天、色的春天，从光、声、水、色等不同的角度去逼近春天。光，我们可以想到中国的一个词，中国人常说春光明媚，那光是春光，这是对春天一种很特别的表述。春天的声音，什么声音才是春天的声音？"夜来风雨声，花落知多少。"有春天的风声、雨声？还有春天的鸟声？"深巷明朝卖杏花"，是叫卖杏花的声音，是人的声音，还是花的声音，都是春天里才有的声音，当然还有春天里的落花细无声。我们再来说说水的春天，春天到了，雪化了，就成为春天，春天的水，水声里面可以辨别出春天的气息，尤其在那些非常寒冷的地方，到了冬天就是冰天雪地。春天来了，会有春水哗哗的声音，那种解冻的声音，雪化了的声音，特别让人感受到春水的声音。刚才说到声的春天，讲声音的时候，我们可以想到许多唐诗里的句子，无论是孟浩然还是杜甫的，"两个黄鹂鸣翠柳"，那就是春天里面鸟的声音。然后我们再讲讲色的春天，春天当然是一个最"色"的春天，春天是百花齐放的春天，"万紫千红总是春"，春天的颜色最丰富的，用颜色来写春天，更容易写出春天那种让人眼花缭乱的一面。

普里什文把光的春天、声的春天、水的春天、色的春天拿出来说，真的非常精彩，他说：

一切都美得无法形容，面对那些皎洁、纯净、娇柔的事物，感觉自己的喜悦之情是那么苍白、匮乏，心底的感激之情是那么浅薄，与它们完全没法媲美。

可是落日很快就追上了低处的云朵，刹那间一切将改变。一定要抓紧时间，为这个黄昏留下永恒的回忆，永不相忘。

这黄昏不是别的时候的黄昏，是春天的黄昏。

我们继续讲讲色的春天，春天的色彩，春天的颜色。普里什文这样说春天的花，春天的花当然代表春天最强烈的色彩，要比树、比草更能代表那种色彩——

我们也想不到，最初是在什么时候，我们开始使用"最初的春花"这样的词汇。……就在昨天，和太阳交相呼应的小黄花，已经静悄悄地盛开了。今天，就像狮子大开口一样，它已经将紫色的花蕊伸了出来。

胡桃和赤杨都开花了，它们悄悄地把自己的那份美丽掩盖，将一切都交给了早发的柳树。

关于春花的这些描述，后面他接着说：

一只青蛙在小路上思索着什么。

不论是小水洼、小路，还是河滩都一片葱茏，只有农田被翻耕后呈现黑黝黝的颜色。去年灰不溜秋的收割地现在也已是一片新绿，那是新生的三叶草，它们就像黑麦田里还没有成熟的麦子，开始在泛青的麦地里好奇地四处探望。

接下来，他的目光投向一条小路，写了一段《小路绿了》：

树林南面周边的小路闪烁着新绿的光彩。无论是谁，走到那里都会感慨地说："小路都绿了！"这样的绿色孕育着多少生命，所有的欢乐慢慢地在心里聚集，我的心灵容量是那么的小！

看着眼前的事物，我情不自禁地记录下这样一段话："我亲爱的朋友，小路绿了。"

是的，连小路都绿了，多美的一件事，多美的句子啊。明媚的春光中，人们开始忙碌起来。

我想这位作家所写的春天，也许就是你我都见过的春天，是我们眼中见过、心中盼望的那个春天。当春天变为这些文字的时候，我们不就发现——语文从春天开始了吗？是的，语文在春天里开出了花，长成了草，如此的讨人喜欢，如此的充满吸引力，好的语文就是春天的语文，春天有春天的美好，春天有春天的情感，春天有春天的思想。

古今中外有很多的诗、小说、散文，当然还有很多的画都是面朝春天的，有很多的书信也是关于春天的。古人写的很多好文章，往往就是写给朋友、家人的一封信，文字都非常好，所以就千古流传了。许多我喜欢的画家比如达·芬奇、东山魁夷、吴冠中，他们不仅画画得好，他们的文字也美极了，当他们面对春天、面对草地、面对树、面对天空的时候，他们也常常能写出特别美好的文字来。

我少年时最初接触到的是东山魁夷的散文，没有看到过他的画。这位日本画家写一片树叶、写山、写水、写草地、写一切他眼中所见到的大自然的美好，春天和秋天，我从他那里呼吸到了日本春天的气息，分明感受到了他看见每一片新绿的叶子刚刚萌发出来的那种质感。我看到达·芬奇论绘画，看到他对每一片树叶、对每一朵花的那种深刻的见解，这种见解显示了画家独有的眼光。

达·芬奇对自然，对一切美好的事物，包括他对意大利的春天的理解，都化作了他笔下的文字。我相信一流的人物，无论是科学家、画家、音乐家、雕塑家，他们往往对语文都有特别的感觉，也许他们不是以文字见长，却能够对他眼中所见的事物有非常美的透视、美的记录、美的表达，语文就是一种表达，是寻求一种更好、更美的表达。从这个意义上说，一个见过春天的人，如果因语文表达能力跟不上，把春天写得很丑，那就配不上美的春天。所以，我常常想，怎么样才能让我们这些见过春天的人，也写出像春天一样美的文字，来配上我们所见的那个春天，这不仅是文学，也是美学，也是哲学。语文其实不是一个狭隘的概念，而是一个很大的概念，是可以横跨所有学科、穿透所有学科、打破学科边界的。事实上，它已经不是一个学科了，它也不是一个简单的工具，它几乎就是我们生命的本身，一个人有怎样的语文表达能力，他就是一个什么样的人。换句话说，一个孩子将来能写出什么样的文字，他就成了一个什么样的人，这是一种彼此成全、彼此呼应、彼此建造的关系。

我想起列夫·托尔斯泰写的长篇小说《复活》，一开头写的就是春天，他所写的春天是那样的与众不同，他写的春天经得起人们反复地去阅读，去咀嚼，去推敲，就是因为他的文字确实太有魅力了，他对春天的理解，对人类的理解都很深刻。

我把托尔斯泰《复活》的开头选入了我编的《寻找语文之美》，手里有这本书的孩子可以看到，他写的春天跟其他作家写的春天是完全不一样的，他把春天和当时俄罗斯的社会现实生活、人的内心都是结合在一起的，自然的美和当时的整个社会那种纠结完全是融合在一起的。他写的春天，就是那个特定时代里，小说主角命运展开的一个春天，而不是一个虚无缥缈的、完全游离于生活之外的春天。

我曾去过托尔斯泰的故乡——图拉，那个大美的庄园，成片的树林，成片的苹果树，开满了各样的鲜花，那是夏天时分。我相信那里的春天也是美极了。他所写的那个春天，既是他眼中见过的春天，也是经过了他人生记忆的积累，然后以文字传达出来的俄罗斯的春天。

一个人的少年时代太重要了。我想一个人尤其是作家，少年的记忆里有什么，他的人生就会活出记忆中最美的部分。如果他在少年时代读过古今中外的好诗、好文章，见过许多地方的春天，他只要将这种积累传递出来，就是最美的语文。如果没有这样的积累，想挖空脑子写出美的文字，那也只能是无源之水、无本之木。

语文，其实就是从点到线、由线织网的过程。今天中国的学校教育，往往更重视点，一个一个的知识点都是碎片化的，不断地强化知识点的学习，往往很难串成一条一条的线，更难织成一张网，而我更看重从线到网的这个过程。这张网，就是天罗地网，古今中外那些美好的文字、思想、情感，都被你织成了一张网；这张网，你随便甩出去，收回来都会是美美的收获。

说到底，一个人学语文学到后面，其实就是把自己学到的东西、见到的东西、想到的东西，自然地流露出来，就足以成为好文章了，这个过程就是从点到线到网的过程，也是从自然到书本再化为自己生命的过程。所谓"嬉笑怒骂，皆成文章"，大抵如此，这是一个水到渠成的过程。

我们知道人类最大的能力之一就是模仿，你没有看过别人是怎么写的，你往往也不知道什么样才是好的，所以一个人少年时代的写作，常常是从模仿开始的。模仿无非是两个模仿。一是对于书本的模仿，对书上的这些文章的模仿；二是对自然的模仿，最高的模仿就是对自然的模仿，自然是最好的老师。但是由于直接模仿自然的难度相当高，人们往往需要从现成的、前人已有的作品中去模仿。

但是模仿不是抄袭，模仿和抄袭是不一样的，模仿是受启发受影响，然后化为自己的东西。我们都知道鲁迅有一个非常天才的句子，就是"在我的后园，可以看见墙外有两株树，一株是枣树，还有一株也是枣树"。就是有两株枣树，为什么要写成这样呢？你就干脆一点说两株都是枣树，一句就说完了。鲁迅就是鲁迅，这是他独特而不可替代的表达。

散文家王鼎钧曾经提到，有人模仿鲁迅的这个句子写作文："我家有两棵石榴树，一棵是石榴树，一棵还是石榴树。"那就不叫模仿了。为什么？因为你一开口就说了我家有两棵石榴树，还需要加一句一棵是石榴树，另一棵还是石榴树吗？

另一个人写了一句："我家有两棵树，一棵是柳树，还有一棵也是柳树。"你们觉得这话靠得住吗？一般来说是靠不住的，你们家的院子好大，家里的院子可以种两棵柳树。这跟种枣树不一样，枣树跟柳树要占的空间不一样，一般来说，现在的人家里不可能种两棵柳树，柳树会长得很大。

还是下面这个人说得好，就是实话实说："我家没有树，没有枣树，没有柳树，没有石榴树，什么树也没有。因为我家住在公寓的高楼上，阳台上有几盆海棠。"这样开头，这篇文章就很真实，很好，很美，一点都不差。

接着就可以做海棠的文章了。

　　我想说，文学就像花草，花草可以做春天的见证，但是它不能做春天的保证，只有春天可以来保证花草。这个意思胡兰成在《中国文学史话》中说过。我们要交给孩子一个春天，让语文从春天开始，让他们像花一样绽放，像草一样变绿。怎样才可能做到呢？就是要让他的想象力被激发出来，要让他的观察力被培养起来，要让他的判断力被建立起来，而判断力是建立在知识的基础上的，需要有大量的阅读。观察力是建立在对自然的亲近上，需要有一颗敏感、细腻的心去接触自然，而想象力是其中最重要的。

　　怎么样才能让想象力打开？世上永远都没有一个现成的方法。我们只知道一个人的想象力是人所有的能力当中最重要的一种能力。文学需要想象力，科学也需要想象力，牛顿看到苹果树上的苹果掉下来，他的想象力让他想到了万有引力定律。一个诗人看到苹果树上的苹果掉下来，他想到的不可能是万有引力，因为他的想象力是文学性的，也许他会想到，不是苹果掉在了地球上，而是地球跌落在苹果上。

　　每个人的想象力是不一样的，对于不同的人，想象力的方向不一样，有的人的文章会更加重逻辑，有的人的文章会更加精密，因为他的理性思维强，他会写出很缜密有力量的文章来。有的人的文章非常富有诗意，那是偏文学的想象力。但是不同的想象力都是美的，每一种想象力都指向他想要指向的那个最美的方向，我看达·芬奇写的一句话就美极了，他是一个画家，一个天才的画家，他可以看到空气是百合花的颜色。这是一般人看不到的，这也是他的想象力带给他的。

一个有想象力的人来到一个美的春天，他就更能把这个春天表达出来，变成笔下的美好的文字。语文从春天开始，我回过头来说丘迟《与陈伯之书》的十六个字："暮春三月，江南草长，杂花生树，群莺乱飞。"这十六个字现在已被看作是中国人写春天的一个典范句子，当丘迟写下这几句话时，我相信那只是自然流淌出来的，他的观察力和想象力结合在一起，就流出了这样的美好的文字。

今年春天，2018年的春天，我看见梅花开了、梅花谢了，我也看见杏花开了，又要开始凋谢，我看见桃花开了，有的桃花已经在谢了。很多的花都在开，我看见柳枝都已经绿了。这个世界又重新在冬天里活过来了。我想我把这次在"埃尔特教育"开的线上课叫做《与春天对话》，就是想从这样的一个春天开始，与孩子们一起跟春天对话，目的就是让孩子们把自己的想象力打开，带着一颗敏感的心去想象春天。

想象这个春天的世界，想象春天的思想，想象春天里嫩草芽一样的思想。我少年时代的好朋友张铭，当时他也只有十八九岁，他那时热爱画画，也热爱写诗，写下了"春草芽般的思想"这样美好的句子。

我的《与春天对话》课关注的就是从春天到语文，所以我说语文从春天开始。春天跟语文之间有什么关系？春天跟语文之间就是可以彼此相互转换的关系，好的语文就像春天一样的美，美的春天就像好的语文一样。

这一系列的课将从与梅花对话开始。我小时候看到一本杂志，里面选了一篇清代作家全祖望写的《梅花岭记》，他最后一段有一句："梅花如雪"，但是印错了，印成了"梅花如雷"。我想梅花跟打雷一样，这是多么奇妙的一个说法。"梅花如雪"是一个平常的比喻，"梅花如雷"，则是一个大胆的想象，这个想象超出了我们的常规思维。我就在那里想，难道真的是梅花如雷吗？后来看到其他的版本，自然知道这是印错了，"雷"字跟"雪"字只差一点点，排版的时候容易排错。但是今天再回过头来，我在上课的时候想到"梅花如雷"这个句子时，我就觉得好得不得了，因为这个想象太大胆了，这是我们一般想不到的。因错而让我们想到梅花如雷，所以我加了一句："梅花如雷，想唤醒整个春天。"春天的花是从梅花开始的，如果从开花的次序来说，它真的就是花中之王，梅花之后才有杏花、桃花、梨花次第开放，才有万紫千红总是春。

梅花的后面我们跟桃花对话，桃花的后面是杨柳，然后是春雨、春天，这样借着花呀、树呀、雨呀这些春天的意象，我们将跟春天建立起联系，像是一张密密麻麻的蜘蛛网，人与春天之间的一张网，这张网里面有古今中外许多的画家、诗人、作家，他们所画的画，他们所写的诗，他们所写的文章，其中都有春天的美，而这些春天的美和我们正在经历的、眼前的自然的春天，又是相互呼应的。

如果你正在上的课和你的生活是连在一起的，你就有可能把春天带进你的生命里面，而不是把春天放在你的生命外面。国语书塾线下童子班的家长上课之前，常常会带着孩子去看梅花，带着孩子去看桃花，带着孩子去折柳枝。他们把课上跟课下结合起来，把课堂的学习跟课外的阅读结合起来，又构成了一张网。我不断强调的就是一个网的概念。

孩子需要一张网，一张春天的网，一张语文的网，一张生命的网，这张网里所有的信息最终都可以从点变成线，又从线织进这张网里面。只有这样，一个人的语文能力才有望变成拿筷子吃饭一样简单自然，伸缩自如。从这个角度说，学语文不是一件很难的事情，就是跟吃饭一样简单的事情，但需要你跟它建立起一种这样的亲密关系。

我很喜欢的一位法学家吴经熊，他曾经用英文写过一本《唐诗四季》的书，他把李白和王维称为"春季诗人"，认为他们的诗一出口就像是一个春天，他们是为表达春天而来的，他们笔下充满了春天的气息，无论是写什么，都写出了春天那让人心旷神怡、朝气蓬勃、心神荡漾的感觉，那种物我皆春的气象。春天是放的，不是收的，秋天才是收的，春天是海阔凭鱼跃、天高任鸟飞那样的一种气象，所以李白的诗当中充满了一种春天的气息，王维的诗也是如此。他把他们称为"春季诗人"，这是一个非常有意思的表述。我也期待每一个孩子，在与春天对话的过程中，慢慢地变成一个春天的孩子，拥有春天般的童年、少年。因为有春天，人就有可能变得更美，如果有了更美的表达能力，也就能把春天留住，把春天留在自己的笔下，让这个春天长期被自己所保存，成为一种记忆，这种记忆就可以成为一生受用不尽的永恒的东西。我们这个课一共是十四次，基本上是围绕着春天，从春天开始，最后也从春天结束，春天的西湖，春天的瓦尔登湖。

我所强调的几个点都是要成为一张网，古今中外是一张网，从自然到书本是一张网，从点到线到面是一张网，整个的语文学习、语文能力的形成都是一张网，各种能力的侧面，想象力和判断力也是一张网，是日复一日、年复一年慢慢编织起来的。我想，有了这样的一张网，一个孩子就有了一个生命的基础、一个铺垫，让他能够在春天里找到自己，在春天里找到语文的春天，找到生命的春天，让这个春天化为一种能力，变成跟生命合二为一的力量，就是像春天一样的力量，说开花就会开花，说绿了，草就会绿，树就会绿，小路也会绿，而一个个画家、诗人、作家、智者就站在其中。

2018 年 3 月在"埃尔特教育"线上平台的分享
根据录音整理

在母语的时空射雕

戊戌之秋，满城流淌着桂花的香味，这是杭州一年中最好的时候。国语书塾童子班开班一周年，正好我们从北京游学归来，而长假还没结束，我和童子们及各位来宾、家长相聚在西子湖畔、桂子香中。

回望过去的一年，展望未来的岁月。我只想在母语的时空垂钓、射雕、采菊、种豆，钓的不是鱼，射的也非雕，采的乃是美，种的却是善。与儿童站在一起，为生命中新的大欢喜、大因缘。余生有限，仅此而已。

母语的时空浩浩渺渺，横无际涯，童子们以小提琴、吉他演绎《天空之城》，以竹笛吹出《射雕英雄传》主题曲，我们今天的主题恰好也是《在母语的时空射雕》。

1935 年 12 月 5 日，胡适先生写信给如日中天的天津《大公报》主笔张季鸾先生，开头就称许他"射雕老手，箭不虚发"。

对于我，儿童母语教育是个新的领域，虽然三十一年前我曾做过乡村中学的语文老师，母语却是我从小在雁荡山的石头与碧水、白云与清风之间千万遍地淘洗、锤炼过的。从中国古典小说、古典诗词、《古文观止》到《水经注》《徐霞客游记》，从《论语》《老子》《庄子》到王国维、陈寅恪、钱穆，从鲁迅、胡适到沈从文、萧红、张爱玲，从梁启超、邵飘萍、张季鸾到储安平、殷海光、金庸，从少年到壮年，从雁荡山到黄土地再到西子湖，一路跋涉，在母语的山水之间，我不仅饱览了最美的风光，也呼吸领会到了母语的奥秘。

尤其最近的二十年间，也就是我三十岁之后的岁月，作为一名天天使用母语的思想者、写作者，我敬畏母语——开放的、有容乃大的母语，当然也是源远流长、绵延不绝——从甲骨文、金文的时代、《诗经》的时代一直流淌至今的母语。

母语就像今天的桂花一样是流溢着香气的。不仅《诗经》《楚辞》、唐诗宋词，也不仅先秦诸子、汉赋骈文、《红楼梦》，就是《国语》《春秋》《左传》乃至《史记》

以降的二十五史中，也一样流淌着母语的香气。母语的时空四季都有花开烂漫，风光无限。在中国古老而生生不息的传统中，文史不分家，文史哲所指向的人文世界天宽地阔，它们互不隔绝，相互依存。

母语的世界首先是一个人文世界，并与自然世界相连接，陶渊明的"采菊东篱下，悠然见南山"，王维的"人闲桂花落，鸟静春山空"，李白的"举头望明月，低头思故乡"……正是在这些朴素自然的文字中藏着母语的秘密，并非高深莫测而永远神秘如初。我想起甲骨文中的卜辞："今日雨。其自西来雨？其自东来雨？其自北来雨？其自南来雨？"汉乐府的《江南》诗："江南可采莲，莲叶何田田。鱼戏莲叶间。鱼戏莲叶东，鱼戏莲叶西，鱼戏莲叶南，鱼戏莲叶北。"吴均、王维、郦道元和柳宗元笔下的山水，王羲之、李白、苏东坡心中关于时间的变与不变，归有光对日常生活体悟的一笔一画，《石头记》对人性倾注的全部关怀……共同构成了母语的生命。

作为历史的研究者，在数十年的漫长时光中，我沉浸在《国语》《春秋》《史记》《资治通鉴》等史书构筑的史家传统中，纪传体和编年体都是我熟悉的表现方式，我的作品从《金庸传》《叶公超传》《1949年：中国知识分子的私人记录》《主角与配角》到《大商人：影响近代中国的实业家们》《从龚自珍到司徒雷登》等，无疑都可归于纪传体的谱系，《笔底波澜》和《民国商人：追寻中国现代工商文明的起源》则属于编年体的谱系。直到 2011 年和 2017 年完成的《百年辛亥》《新学记》，我才从这些古老的表达传统中走出来。

另一个王韬、梁启超他们开创的文人论政传统，经张季鸾、胡适、傅斯年、储安平发扬光大，到殷海光、查良镛仍在台港余音袅袅，我在十八年前自创了"言论史"这个说法，就是追溯这一文人论政的传统。虽然当我生时，这个传统早已中断，但我有幸在纸媒最后的风光中，在《南方周末》《南方都市报》《东方早报》《科学时报》《新京报》等许多媒体撰写时评，已结集的有《偶像的黄昏》《得寸进寸集》等。

历史研究和非虚构的随笔、时评写作，几乎耗费了我从三十岁到五十岁的大部分光阴和精力。我相信，"上穷碧落下黄泉，动手动脚找东西"（傅斯年语）。我也相信，"板凳要坐十年冷，文章不写一句空"（韩儒林语）。作为民国史的研究者，我被民国教育深深吸引。透过吴式南先生、徐保土先生、盛笃周先生、滕万林先生、许良英先生，事实上，我也间接享受了民国教育的恩泽。

去年今日（2017年10月7日），"国语书塾"童子班正式在杭州开课，何谓"国语"？不仅因为《国语》是中国最早的国别体史书，"五四"以后的国文教科书小学阶段就叫"国语"，《新学制国语教科书》曾风行一时，叶圣陶和丰子恺两位先生合作完成的《开明国语课本》更是异军突起，哺育了几代莘莘学子，我也是读着他们的书长大的。

追根溯源，我在五十之年自创"国语书塾"，上承古老的《国语》传统和民国的国语课血脉，可谓有根；外接《荷马史诗》以降莽莽苍苍的世界人文传统，那是向更广阔的世界伸出的枝条。从奥古斯丁、莎士比亚、堂吉诃德到亚当·斯密、托尔斯泰、爱因斯坦、博尔赫斯，从西塞罗、蒙田、洛克到雨果、歌德、梭罗、爱默生，从屠格涅夫、普希金、雅斯贝斯到泰戈尔、纪伯伦、哈维尔，正是这些人物的作品书写了一部"笔尖上的世界史"。

积四十余年阅读之经验，我深知，仅仅读万卷书是远远不够的，还须行万里路，让孩子们用自己的双脚去丈量世界。一年来，我们从身边的西湖、兰亭、富春江、三味书屋、百草园、白马湖到长城、故宫、北大、清华、圆明园……从希腊、意大利到荷兰、法国，我们将顺流而下，亲近人类文明史的花开花谢。这一年，童子们脚步和心灵抵达之处，也是他们在母语的时空练习射雕之时。我想起气象学家竺可桢先生 1936 年 5 月任浙大校长时发表的《旅行是最好的教育》，十六十七世纪之交，英国思想家培根的《论游历》同样认为这是年轻人教育的一部分。

读万卷书，行万里路，无非为了成全人，让每个人成为他自己。希腊古老的箴言说"认识你自己"，到底要追求成为什么样的人？九十一年前，梁启超写给儿女的信中已说得如此清晰："思成来信问有用无用之别，这个问题很容易解答，试问唐开元、天宝间李白、杜甫与姚崇、宋璟比较，其贡献于国家者孰多？为中国文化史及全人类文化史起见，姚、宋之有无，算不得什么事，若没有了李、杜，试问历史减色多少呢？我也并不是要人人都做李、杜，不做姚、宋，要之，要各人自审其性之所近何如，人人发挥其个性之特长，以靖献于社会，人才经济莫过于此。思成所当自策厉者，惧不能为我国美术界作李、杜耳。如其能之，则开元、天宝间时局之小小安危，算什么呢？"

　　"李杜文章在，光焰万丈长。"这是"文起八代之衰"的韩愈的诗。李杜诗篇可穿千古，姚、宋的功业只是一时，世人早已不再关心他们为何许人。梁家子女九人个个成器，院士三个，其中长子、次子1948年双双成为首届中央研究院院士。毫无疑问，作为母语时空的射雕者，梁启超依然在场，几天前童子们还在他的墓前背诵了《少年中国说》。如果说，他和王国维是上个世纪的"七零后"，张季鸾、鲁迅是"八零后"，胡适、钱穆、陈寅恪、傅斯年他们是"九零后"，那么，沈从文、王芸生、叶公超他们则是"零零后"，萧红、张爱玲、费孝通、钱锺书他们是"一零后"。

　　"国语书塾"的童子们则属于本世纪的"零零后""一零后"，与上述射雕者相距百年，我当然有充分的理由相信，他们也可以成为母语时空的射雕者，前提就是最大限度地掌握母语的秘密，能准确、流畅、优美地使用母语。今日之努力并非只是为了今日，除了在这个过程中充分享受母语之美、之善、之真，最终能成为母语时空的射雕者。1932年夏天，朱光潜先生客居莱茵河畔，在《谈美书简》的最后提及，阿尔卑斯山谷中间有一条大汽车路，两旁的景物极美，路上插着一个标语牌："慢慢走，欣赏啊！"

　　面对正在母语时空练习射雕的童子，我也想对他们说："请慢慢走，欣赏啊！"未来在他们自己手中，"我手写我心"，愿他们最终成为母语时空真正的射雕者。

　　　　2018 年 10 月 7 日在国语书塾一周年母语分享会上的讲话

回归

　　回归，我感谢生命中有这样一个夜晚，而且是在我的故乡雁荡山，这是一个奢侈的夜晚。每一个夜晚都是不可复制的，尤其今夜，从2018年一脚跨入2019年的这个夜晚，更是不可复制的，它永远只有一次，无论对于谁，都只有一次。明天早晨，当我们醒过来，就是距离"五四"一百年了，距离我离开这座山整整三十年了。三十年的时间尺度与这座山相比，真的是微不足道。但是在我的生命中，三十年太珍贵了！因为剩下来的三十年，我会慢慢地老去，过去的三十年就是我从一个少年变成一个沧桑的中年的三十年。"三十功名尘与土，八千里路云和月"，你们为什么今夜一起唱岳飞的《满江红》，因为《满江红》中有"三十功名尘与土"，虽然他讲的"三十功名"指的是三十岁，我讲的是三十年，三十年的时间，对于一个国家、一个民族也是一个漫长的时间尺度，何况是对一个个人。

今夜的跨年主题是"回归"，我想说这是三个意义上的回归——回归儿童、回归教育、回归故乡。故乡是什么？我觉得故乡有两重意义，第一重是物理意义上看得见的故乡，这座山，雁荡山，是我看得见的故乡；第二重意义故乡是我们使用的母语，我们所使用的母语就是我的故乡，因为语言是存在的家园。故乡是两重意义上的，我的回归从某种意义上就是回归儿童母语教育。我在离开故乡三十年后，回到儿童母语教育，试图以儿童母语教育为中心，重新寻找未来。

今天在这里，我想到最多的是石头，因为我也是一块石头，我是雁荡山上的一块石头，雁荡山最多的就是石头，我是其中的一块石头。这块石头不是一般的石头，因为他见过唐宋的云，见过明清的月亮，他经历过民国的风雨，他不是一块没有历史感的石头，他不仅仅是一块自然的石头，他也是一块属于历史的石头，这块石头深深地砌入历史当中。我走过的每一条石头小路，包括你们今天下午走过的，昨天下午走过的石头小路，都曾经是我少年时代走过的，但是当我在这些石头小路走过的时候，我想到的是近千年前沈括曾在这里走过；我想到的是四五百年前徐霞客曾在这里走过；我想到的是，将近一百年前，蔡元培、张元济他们曾在这里走过；将近八十年前，郁达夫、萧乾他们曾在这里走过，所以当我的脚踩在这些石头小路上的时候，我踩的不只是石头，我踩的也是人文的根脉。当我生下来，在这个偏僻的大山深处，什么也没有，但是我看见了石头，我就看见了一个更深远的世界，因为这些石头是他们踩过的。如果说徐霞客踩过，我就知道明代的烙印就在石头上；如果我知道沈括踩过，宋代的烙印就在石头上；如果我知道蔡元培踩过、张元济踩过，北大的烙印就在上面，商务印书馆的烙印就在上面；萧乾踩过，《大公报》的烙印就在上面；郁达夫踩过，中国现代文学史就留在上面。只要有一个人到达这里，他的气息就留在了这里，生命的气息就是这样流动的。一座山有巨大的包容，容下了千年万年，也容下了无数的人，无论是普普通通的人，还是那些声名显赫的人，他们共同构筑了这座山的人文气息。这座山已经不再是单纯的一座石头的山，他更是一座人文的山，所以我生下来就注定了与这些人发生联系。我非常感恩我竟然出生在这座山中，我感谢这座山，因为山给了我灵气，给了我灵感，给了我灵魂，这三个"灵"就是灵峰的"灵"，灵岩的"灵"！万物有灵，石头有灵，苍生有灵，有灵就有希望，有灵就有一切，没有灵一切都消失了，一切都归零，归零的"零"不是有灵的"灵"，虽然读出来是同一个音。

今天，在这样一个夜晚，也许外面是黑的，但是我们这里有灯光，我们这里有孩子，我们这里有生命的相聚，有生命的交汇，有生命的盼望，我们期待今夜成为每一个童子，每一个老师、每一个朋友新的起点，因为每一个日子都是新的，这座山可以把每一个日子更新，我们在山中呼吸的空气每一天也是新的。虽然这空气曾是沈括呼吸过的、徐霞客呼吸过的、蔡元培呼吸过的，哪怕将来我们不再来这座山，但是我们曾经来过这座山，这座山就赋予我们人生一种新的气质，它会带给我们新的东西，我相信这个世界就是这样的。我在山中日日夜夜看着这些石头，从小到大，一直到我离开这座山，三十年了，这些石头已经成为我生命的一部分，我的目光触摸过的石头，我的手触摸过的石头，都是我生命的一部分，这些石头不是我生下来的时候才有的，在我没有出生前的漫长的时光中，它们就已经在了，几十万年，甚至更漫长的时间中，他们就已经存在了。在我所知道的有文字记载的一千年中，沈括以来，我明明白白知道的，这些石头在农耕帝国时代一直沉默的，在短暂的民国三十八年中，也是沉默的。

我出生在帝国瓦解之后五十五年，帝国于1912年瓦解，我生在1967年，五十五年过去了，当我出生的时候，中华大地正经历着动荡和浩劫，但是"山中岁月无古今，世外风烟空往来"，我生在这个山中，竟然不知道外面的世界经历了如此的天翻地覆，因为山中的岁月跟千年前没有什么区别，山中一直保存着贫穷、落后、荒凉、寂寞，跟千年前没有变化，所以大山也保护了我的童年、少年，让我在这个寂寞的山中得以像一块真正干净的石头一样长大，保持没有污染的单纯，今天我知道我生下来可能就注定要离开这座山，因为农耕帝国时代结束了，1912年就结束了，我不可能永远留在这座山中，与这座山一生一世的彼此相守。有一天，我会用另外的眼光回过头重新来看这座山，我相信农耕帝国时代的梦已经做尽了，今天的世代再也不可能产生岳飞，再也不可能产生像岳飞一样的悲剧英雄，即使产生了岳飞这样的英雄，也救不了这个民族，因为他在农耕帝国时代也没能挽救南宋王朝。今天不再需要这样的英雄，也不需要他的"精忠报国"，我相信，今天的时代是在呼唤与岳飞不一样的另外一种人，呼唤与岳飞不一样的另外一种精神的生命。

孩子们在演绎《岳飞》这幕戏的时候，完全是本色出演，没有导演，只有剧本，剧本是我挑的，我想告诉各位，当孩子们将这个戏演出来的时候，我们看见古老帝国就是这样的光景。一个人活到最高的层次，最高的境界就是活成两种类型，要么是岳飞，要么是秦桧，请孩子们告诉我，愿意成为秦桧还是愿意成为岳飞？都不愿意是吗？因为你们已经超越了中间对立的二元模式，黑白分明的思维方式，你们既不想成为岳飞，也不想成为秦桧。那是农耕帝国时代的两种选择，今天的选择已经超越已往的年代。

我感谢我的少年时代，我在山中寂寞的少年时代，因为山中的岁月仍然是唐宋元明清的岁月，所以我可以与沈括、李孝光、徐霞客他们亲近，与这些古人的生命有对接，在我看来，山中的岁月就像"千年如已过的昨日"，没有什么变化，它保护我在童年时代，从石头里面、从水里面获得自然的灵气和生命。在1986年以前，我一直是一个山中的读书少年，如果我不离开这座山，我可能只是一个文学的爱好者，历史的爱好者，因为我不知道外面的世界有多大，我不知道希腊的天空是怎么样的，我不知道佛罗伦萨的天空是翡翠色的，虽然我已经读过徐志摩的《翡冷翠的一夜》，但我并不知道翡冷翠的天空真的是翡翠色的。但在1986年以后，我终于找到了一个更加辽阔的世界，我看到了商务印书馆的《汉译学术名著》，我看到了法国启蒙思想家们的作品，看到了英国的思想家们的作品，看到了欧洲的哲学家们对宇宙的思考，我发现以前读的那些古书，我以前读的那些文学作品，都不足以来回答我心中对未来的追问。从那个时候起，我开始大量阅读西方的译本，开始透过西方的译作来理解这个世界。从那时候起，也可以说我开始超越山中的岁月，那时候我19岁，也可以说19岁以后，我的世界不再限在山中，开始超越这座山，山中岁月无古今的那种平静，被彻底地打破了。

三十年前，我离开雁荡山，就是因为读了那些书，不想再做乡村中学的语文老师，我要到远方去寻找一个梦。寻找了三十年，我到中国的中心北京，我到许多地方去寻找，三十年后我发现这三十年的风雨苍黄，三十年的漫漫长路，我的梦还没有完成。所以刚才大家在唱《故乡的云》的时候，我的心中有极大的一种感触，"归来吧归来哟"，归来依旧一少年吗？头发都已经掉了，早已不再是那个少年，但是我的心仍然是那个少年的心，仍然是干净纯洁的少年一样的心，石头一样的心，当初我出去时是什么样的人，归来依旧是什么样的人，三十年没有改变我，我相信这首歌，它曾经打动过三十几年前的山中少年，今天当我归来的时候，它仍然打动我。我想问，故乡的云——仍然是唐时的云，宋时的云吗？仍然是明清的云，民国的云吗？当然，我相信我能在故乡的云里看见唐宋元明清，看见民国。

在千年的时间尺度当中，三十年的时间尺度又算得了什么呢？三十年太短暂了，放在千年的历史中，三十年甚至可以忽略不计。中国人以前写西方历史，怎么写？"黑暗的中世纪"，一千年，只要一句话就没了。三十年在历史的标尺中可以全部忽略，所有的苍生都可以忽略，无论你曾经多么活蹦乱跳，无论你曾经多么豪情万丈，都没有用，都可以忽略。但是对于每个人来说，三十年几乎就是一半，可以说是全部，因为三十年也是一个人的黄金时光，"三十功名尘与土，八千里路云和月"，三十年，我已经活过了岳飞的年龄，岳飞三十九岁就被毒死了。我到了明天就是五十二岁，我要比岳飞活得长久了，对岳飞来说，他三十九岁就终止，所以我已经很幸运了。"八千里路云和月"，我走过的路已远远地超过八千里，农耕帝国的一代名将岳飞他还挣扎在那个时代宋和金的矛盾和漩涡当中，连生命都丧失了。今天如果我们还有一个英雄梦，那必然要超越像岳飞那样的精忠报国的梦，那是农耕文明时代产生的旧梦，而是全新的、让一个人活得更有尊严、更有价值、更能理解这个世界，更能理解自由，更能理解一切人类恒久价值的梦。如果不是，我们就是浮萍，我们就是飘在水上的浮萍，没有根，根从哪里来？根从数千年甚至更漫长的时间尺度当中建立起来的文明价值当中，我们所读的那些书中来。因为这些价值已经为人类定下了一个标尺，无论是东方，还是西方，凡是关乎真善美的那些核心价值都是相通的。不会因为你是东方人，就可以照着你们自己的方式长期存在下去，东西方的尺度只有一个，无论是希腊的、印度的，还是中国的，最终都只有共同的一个尺度，因为核心的价值在全世界是相通的，不会因为你生活在哪里就会改变。

在过去的几千年当中，人类千方百计要走的道路就是要寻找一个更合乎人性需要的美好的价值，并且将这种价值确定下来，用制度的形式确定下来，让我们生活得更好，东西方为此付出了巨大的代价，包括西方在内，在 20 世纪就打了两次世界大战，所谓的世界大战，看起来是武器之战，实际都是观念之战、价值之战，从某种意义上，价值分明，一切都尘埃落定，这个世界争来争去，归根结底都是价值之争，所有的教育都只做一件事，寻求确定不变的价值、文明的价值。这个文明就是通过无数次的试错建立起来的，不是试对，而是试错，一次次错了，那就回过头来再试，最后回到确定不变的价值。

从这个意义上来说，教育做什么？教育就是让每一个人成为一个文明的孩子，就是布罗茨基意义上的"文明的孩子"，文明的孩子不只是一个简单的讲礼貌守秩序的孩子，而是一个对于整个人类有关怀，对于人类抱着服务的心态，而不是抱着成功的心态去面对的人。我相信，教育就是要造就出一代又一代真正合乎人类恒久价值的人。让人类不再有残酷的战争，不再有那些不应该有的苦难，让更多的人都能生活在和平安宁当中，可以过正常的生活，合乎人性的生活，不仅仅是富足的生活，固然，富足也是人类的追求，但要有高于富足的价值标准。所以我们看到自古以来无数的仁人志士，为更高的价值可以舍弃低的价值，从这个意义上说，东方尤其我们这个古老民族，在农耕文明时代的牺牲太残酷了，许多的牺牲常常是无价值的，岳飞的牺牲是没有多少价值的，在宋、金之间的博弈之中，岳飞的牺牲纯粹是个空空的牺牲，不能换来任何新的变化。

过了三十年，我在五十岁以后做儿童母语教育，写了两句打油诗：廿年一觉杭州梦，醒来西湖童子师。我原本的理想绝不是教小孩，我的理想是到远方去寻找一个梦，一个大的梦，但是回到一个很小的事上，就是教小孩。"醒来西湖童子师"，不符合我少年时在雁荡山的梦想，最终却成了我归来后的梦想，我相信这有天意在，上帝将这块石头放在地上，原本的意思就是叫我教小孩，我逃也逃不掉。我逃了三十年，最后还是回来教小孩，因为三十年前，我就是在这山里教小孩的童子师，现在又回来了，人能逃脱自己的命运吗？五十岁的时候，我做了一个决定，我说五十之后，一切归零，重新开始，回归儿童，回归母语，回归教育，这三组词连在一起就是"回归儿童母语教育"。

母语是存在的家园，是我们的故乡，雁荡也是我真实的故乡，今夜在故乡雁荡讲我的母语教育梦，讲我的三十年后归来的儿童母语教育梦。我把今夜看作一个黄金时间。我一直在寻找黄金时间，我一直认为黄金时间在将来，没有想到黄金时间就在此刻，无论外面天有多黑，只要里面有光明。我们从来都是向外面去寻找，向未来去寻找，没有想到此刻就是最好的，所以我们常常有许多不如意，当你转换目光的时候，一切都会不一样了。去年我们在黄山脚下的碧山跨年，主题是"美呵"，有位朋友说了一句非常美好的话：火种可以以石头的形态存在，也可以以火的形态存在，石头和火竟然可以这样对话。前年我们在苍南跨年，主题是"新学记"，诞生了一本书《新学记》。在物理时间上，我们的意志无法决定时间，我们不可能把时间留在2018年，无论我们多么盼望时间停留，2018年也会走向2019年，但是，我们可以决定我们的心灵时间，可以留下一个值得纪念的时间。2018年的最后一个夜晚，我们曾经在雁荡山共同度过一个跨年的夜晚，一个主题叫"回归"的夜晚，一个回归儿童母语教育的夜晚。

2018年12月31日在雁荡山的跨年演讲

在雁荡山与世界对话

　　雁荡山很小，世界很大。在一个小世界里，我们与大世界对话。我是山中的小孩，生在这个山中，长在这个山中，我特别渴望看见山外的那个世界。山中的世界太小了。但是我很感恩，我竟然出生在这座山中，我感谢这座山，是山给了我灵气，给了我灵感，给了我灵魂，这"灵"就是灵峰的"灵"，灵岩的"灵"！这个"灵"字太美好了。

　　这个冬天，我把童子们带到山中，在山中与世界对话，我们人在山中，我们的心却在整个世界，与古今中外无数的人站在一起，从东西方的哲人、诗人、艺术家、科学家到泰山、华山的挑山工以及在泰山上冒着生命危险采红百合为生的山民……我们不断地穿越时间、空间，在一扇扇门之间穿梭，我们有一课就是"与门对话"，从罗丹的地狱之门到《青鸟》中隐藏着秘密的那些门，到顾城诗中洋槐花那样洁净的木门，都带给他们奇异的灵感，一位童子竟然想到了花木兰家的木门，因为我们的戏剧课正在上《木兰诗》。

童子们来自全国各地，你们的到来给寂寞的大山带来了欢声笑语，我相信山也已将灵气和想象赋予你们。在穹崖巨谷之间，你们大声地背诵沈括的《雁荡山》，近千年来，不知道有多少小孩子曾经以这样的方式与古人对话、与这座山对话。你们似乎听懂了山的语言、石头的语言、山花的语言，并在你们的笔下自然地流淌出来。

你们在八达岭长城背诵过贾谊的《过秦论》，一个小学生可以把《过秦论》背下来，这是过去我从来没有想过的，但是你们做到了。在南京，从台城到六朝博物馆，你们流畅地背诵庾信的《哀江南赋序》。这次到了雁荡山，你们背诵沈括的《雁荡山》，吸引了北斗洞的道姑，也许她们还是第一次见到小学生背诵这篇古文……

我曾经带一些童子到过希腊古老的剧场，在那里朗诵埃斯库罗斯的《被缚的普罗米修斯》。今天你们在雁荡山中演绎《被缚的普罗米修斯》，古希腊的经典二千多年来不断地感动过人类，还将继续感动人类。你们要记住，在未来的漫长的人生中，你们是在少年时代演绎过《被缚的普罗米修斯》的人。你们是少年时代就能将这些古文名篇朗朗上口的人，你们是在东方的文明和西方的文明之间可以自由穿梭的人。这是我想做的儿童母语教育，就是让孩子们在我们自己的母语和西方的那些经典之间自由地来来去去，在这当中体悟人类文明的最伟大的秘密。你们从小就不再是被教科书所规定的人，不再是被格式化教育所限制的人，你们的眼睛看见过几千年来人类文明最美好的一面，看见过文学史上、哲学史上、艺术史上最伟大的作品。

感谢我的朋友、杭州师范大学中文系的黄岳杰教授，他在大学校园做了三十二年的戏剧教育，有丰富的舞台经验，更有生命的激情，他的到来，给童子们带来了无尽的欢喜。从《木兰诗》到《被缚的普罗米修斯》，他带着童子们演绎中国古老的叙事诗和古希腊的经典悲剧，他带童子们朗诵海子的诗篇，在短短的时间中，不少童子把大段的台词背下来了。他出色地把大学生的戏剧课堂移植到了小学生当中。在许多人看来，也许这是不可能的，我们现在完成了。

昨天，当你们在悬崖峭壁下排练《被缚的普罗米修斯》时，我发现，当时有几个小孩站在边上久久不肯离开。其实课堂就是可以这么生动这么精彩，而且也是可以这么深刻这么有吸引力的。那一刻，雁荡山的山谷间回荡着你们有力的声音，你们正在连接东西方文明，从古希腊的经典中汲取新的力量。

我们的课堂，不仅是要提升每个孩子的阅读能力、理解能力、写作能力，而且重视口头表达的能力，戏剧教育就是训练一个孩子能饱满地表达一个角色的情绪、思想、情感，更好地表达人类对于世界的理解。黄老师的课非常适合中国的少年。

一个孩子成为什么样的人，在很大的程度上是由他的小学时代决定的。一个人的可能性，在很大程度上在他的少年时代都被规定了。你的少年时代遇见了什么，见识过什么，就决定了三十年后、四十年后你有可能成为一种什么样的人，享受什么样的品质的人生。作为一个人，作为一个生命，一个有血有肉活的生命，它的最大多数的可能性其实已经在少年时代被决定了。一个人最有想象力、最有可能性的时代就是念小学的时候。这个最宝贵的阶段从来没接触过《古文观止》，没有背过古文名篇，意味着你在最好的黄金时代与沉淀了几千年的最美的母语无份无缘。这些世代相传的最好的文字，如果你没有机会在少年时代接触到，长大了背诵的难度就会更高。而你少年时代如果就背下来，它将使你一生一世受用不尽。当然，少年时代你要接触莎士比亚，接触埃斯库罗斯，接触荷马史诗。你们今天演绎的作品《被缚的普罗米修斯》，就是希腊最伟大的悲剧作家埃斯库罗斯的作品。你小时候接触到的资源，将化为你生命的一部分，可以在未来源源不断地释放出来。东西方最了不起的作品，都应该在你少年时代有所接触。虽然每一个人的禀赋、天分不一样，每个人得到的也都不一样，但是你一旦接触到了，就埋下了伏笔，布下了未来可以被唤醒的线索。

短暂的六天六夜，你们说想把雁荡山带走，许多童子捡了石头，采了苔藓，我知道你们带走的不仅是这些看得见的东西。一位童子写下了《最美的歌声》，从鸟声、泉水声到山花萎谢的声音……她带走了这些最美的歌声，也就带走了雁荡山。临别之际，你们都记得诗人张德强的这首《谢雁荡》：

我们编排更加整齐的队形
写一个伟大的汉字在云际
赠雁荡，赠雁荡

　　愿你们在未来的岁月中能够飞起来，像大雁一样飞起来，在自由的天空写下一个个大大的"人"字，这座屹立了千年万年的山将一直在这里祝福你们。

2019年2月在雁荡山灵峰七号国语书塾温州童子班

第三期休业式上的讲话

像树一样生长

　　很荣幸和孩子们一起站立在没有星星的星空下面。我们看不见星星，但是星星看见了我们，星星认识每一个孩子，星星在雾的上面，在云的上面，默默注视着今晚站在这里背诵《前赤壁赋》的每一个孩子。我们听见了"壬戌之秋，七月既望，苏子与客泛舟游于赤壁之下，清风徐来，水波不兴"，听见的是九百三十七年前的声音，九百三十七年，如此漫长的时光，在今夜被我们缩短了，我们仿佛就与苏东坡站在了一起。坐在地上的孩子们，在你们面前可以看见"壬戌之秋，七月既望"，你们看见的不是九百三十七年前的那个时间，你们看见的是自己的心灵。因为苏东坡的心此刻也是你们的心。

世界是如此的奇妙，仿佛九百三十七年前写《前赤壁赋》的苏东坡今天还活着一样，他就在我们的中间，他和天上的星星一样看着我们，看着席地而坐的孩子们，看着你们手中的荧光棒。虽然时间相隔如此遥远，但是人类拥有共同的一个心灵，苏东坡的心灵就是你们的心灵，通过我们的母语，这个心灵可以在时间中不断地被激活，在时间中不断地被我们重新看见。

那是一个古老的农业文明的中国，一个充满了智慧，充满了情感，充满了才华的人，在九百三十七年前的夜晚，他看见过的月光，他看见过的星光，他看见过的夜晚所凝结成的最美好的母语，今天借助你们的朗诵，同样可以把它传递出来，这是什么样的一种力量？这是一种词语的力量，是蚂蚁们所没有的力量，是唯有人类才具有的力量，因为人类可以穿越时间，与生活在那个时代的苏东坡站在一起。

此刻，我看不见你们的面孔，只听见你们在夜空下的呼喊，只看见你们的荧光棒，但是我相信天上的星光和在星光中已经隐去的苏东坡，看得见你们。今晚我演讲的主题是《像树一样生长》，像树一样生长，更准确地说，应该是：一个人像一棵树一样在时间中生长。

我想抓住三个词语来分享。第一个词语是人，第二个词语是树，第三个词语是时间。我们从时间开始吧，因为"壬戌之秋，七月既望"，就是一个时间。壬戌之秋，什么时间？是公元 1082 年，在中国的计时方式当中，我们称之为壬戌年，壬戌年，离我们九百三十七年，我们今天使用的时间是公元纪年，今天是 2019 年 5 月 10 日，当我们在这两个时间之间进行切换时，我们就会发现，我们早已从"壬戌之年"这样的计时方式进入了"2019 年"这样用阿拉伯数字纪年的方式，这一个切换看上去似乎不重要，但它事实上万分地重要，因为它标志着古老的中国，那个属于苏东坡的中国，属于李白、杜甫的中国，属于诗经、楚辞的中国，已经进入了另外一个更加辽阔的属于莎士比亚、牛顿、爱因斯坦的世界，我们从古老的中国时间进入到了一种新的世界时间当中。遥望一百年前，正是 1919 年，那个时代的中国学校兴起才只有十几年，学校在中国还是一个新生的事物，我们使用公元纪年也才进入第八个年头。一百年后，当你们在夜空下挥舞着荧光棒的时候，在你们的喊叫声中我们听见的却是一个来自世界时间中的声音，来自 2019 年 5 月 10 日夜晚的声音。中国时间进入到了世界时间，如果这样说很遥远，拉回到离我们很近的一个时间当中。今天下午我来到你们学校，我收到了一摞的小纸条，还有一些你们写给我的信。我发现在六（2）班写的小纸条当中，一开头几乎清一色地都讲到了时光的流逝，讲到时间像沙子一样从沙漏中漏下来，讲到你们在这个校园里面度过的六年光阴。"六年"承载着你们的欢乐，也承载着你们的忧伤，承载着你们对未来的希望，也承载着你们在此时此刻的激动。这六年就是你们曾经的时间，这时间在你们的生命当中非常有限，但是在未来漫长的时光当中，也许你们都忘不了这短暂的六年，同样你们也一定不会忘记今晚这个属于你们的独一无二的时间。今夜的帐篷节，今夜的音乐会，今夜你们的荧光棒，今夜你们所朗诵的《前赤壁赋》。时间可短可长，一百年前，我们在坐的所有人都还没有诞生；一百年后，也许在坐的大部分人都已不在这个世界上。但这又有什么关系呢？因为你曾经来过，你曾经想过，你曾经做过，你曾经努力过。生命是一个过程，如果你把这个过程满满地抓住了，就像一棵树一样，它抓住了泥土，它抓住了地下的石子，它也抓住了天上的空气、阳光和露水、雨水，你就可以了无遗憾地告诉世界：我虽然只是一个时间尺度当中的存在，我同样可以用我的情感、我的努力、我的创造、我的追求，来超越我所拥有的有限的物理时间。如同苏东坡已经超越了他所在的时间，他是九百多年前的人，照样可以在九百多年后活在我们的心里。

　　我想起了来自另外一个遥远的空间当中的人，那就是爱因斯坦先生。爱因斯坦和苏东坡从来不认识，他们在时间中没有相遇，他们在空间中也没有相遇，但是他们都是人类文明中重要的人。他们在东西方不同的土地上，用各自不同的方式留下了他们给人类最伟大的祝福，所以我们都会记得他们。

　　从时间转换，我想讲的第二个词就是人。人，一撇一捺，我把这一撇看作是物质的人，把这一捺看作是精神的人，我们今天已经没有办法看到那个物质上存在的爱因斯坦，我们也没有办法看见物质上存在的苏东坡，但是那个精神上的爱因斯坦和那个精神上的苏东坡，仍然还站立在星空下面，他们将与整个的人类继续共同站立。只要人还在地球上生活，他们的名字就一定还会被铭记，人不仅是物质的存在，更重要的是精神的存在，精神的存在可以超越时间。我还想说，这一撇一捺，如果从空间的意义上来说，从文明的意义上来说，还可以分为中国人、世界人。我们既是跟苏东坡一样的中国人，我们的母语能写出《前赤壁赋》这样美好的文字，今天我们可以带着苏东坡，带着李白、杜甫出发，抵达那些我们的祖先未曾抵达的远方，那里有牛顿站在苹果树下，那里有爱因斯坦在星光下散步,那里有莎士比亚在构思他那些伟大的剧本。当我们把目光从中国转向世界,我们不仅拥有东方文化所给予我们的美好的一切,我们也同时拥有了西方文明中美好的一切——科学、哲学、艺术和文学。我们感谢这个世界的不断的开放和进步,让我们作为人可以拥有两重意义上的确定性——中国人、世界人。

我在收到的这些纸条和来信中发现,孩子们都怀抱着各自的梦想,我发现有不少同学希望将来成为一位教师,其中有一位同学还特别想成为灾区的教师。有好几位同学想成为医生,其中有一位同学特别想成为心理医生,有好几位同学想成为科学家,有一位同学想成为数学家,有一位同学想成为发明家,有一位同学想在人工智能方面为世界作出重大贡献。有一位同学想成为独立音乐制作人,还有好几位同学想成为作家,好几位同学想成为职业篮球队员,有一位同学想成为画家,还有一位同学心心念念想进入美国哥伦比亚大学。也有一位同学只想要一份简单和充实的工作,通过这份简单而充实的工作来善待他的父母。有一位同学特别想成为陶渊明一样的人,他说虽然已不可能找到陶渊明所向往的南山,但是他希望不隐于南山,而能隐于人群当中。我相信你

们的梦想是真实的，你们的梦想是可靠的，你们的梦想
将来有可能变成现实。但是在我看来，最重要的不是将
来你成为科学家、作家、画家、音乐人、篮球运动员，
或是成为隐于人群的隐士，或是找到一份简单而充实的
工作，这一切不是最重要的，最重要的是成为一个什么
样子的人，最重要的是成为大写的一撇一捺的人。爱因
斯坦在 1930 年曾写过一篇文章《我的世界观》，他告
诉我们：在人生的丰富多彩的表演中，真正可贵的不是
政治上的国家，而是具有创造性的有感情的个人。每一
个人真正要追求的是成为一个有创造性的有感情的个人，
就是成为一个让自己获得尊严给他人带来祝福的人。这
样的人就像一棵树一样，默默地站在那里，哪怕不能遮
天蔽日，哪怕只是一棵不起眼的树，也照样与天空和大
地同在。一个人就像一棵树一样。

　　我要说的第三个词就是树。从一个人到一棵树，你
看树是什么样子的？树是站在地上的，朝着天空的。如
果用一个成语来说，每一棵树都站成了顶天立地的样子，
每一个人也应该像树一样，站成顶天立地的样子。每一
棵树都是那样美，虽然我们知道世界上有开花的树，有
既开花又结果的树，有只开花不结果的树，也有不开花
不结果的树，既有落叶的树，也有不落叶的树。但是无

论怎样的树，它们都把自己的根扎在土地的深处，向下扎根是树的选择，向上生长也是树的选择。那么人呢？人与树一样，也要选择向上生长的姿态，更重要的是选择向下扎根的努力。根扎在哪里？今天晚上我们站在这里说，你们这些生在苍南、长在苍南的孩子们，你们的根扎在苍南，扎在中国，当然也扎在世界。根扎得越深，这棵树就有可能长得越好。它不一定长得越大，也不一定长得越高，但它一定长得越好，只有向下扎根的人，才配得上向上生长的姿态。向上生长，向着什么生长？向着天空，向着自然，也是向着人类，向着人类固有的文明，向着我们未知的更美好的文明。有一位同学在他的小纸条当中写了一句话，是关于校园里的一棵树，今天晚上正好被我派到了用场。这位同学说，校园里的那棵大树，在他的记忆中挥之不去，春夏秋冬它总是站在那里。人也一样，春夏秋冬都要站在那里，在那里努力，把你的根深深地扎在土地里。我又想到了"树"，如果单从这个字来说，它是左中右结构，一个木、一个又、一个寸。一棵树又长了一寸，长一寸就有一寸的欢喜，慢慢来，不着急，树是慢慢生长的，人也是慢慢生长的。有同学说，我上个学期成绩好，这个学期我很努力，可是我的成绩没有变好，怎么办？我觉得没有怎么办，就是慢慢来，不要着急。树从来不着急自己长得慢，树从来不着急自己的分数、考试成绩什么的，树从来不着急将来做什么，树是那样安静地站在土地里，那样安静地把自己的根默默地扎下去。它的根扎得越深，它将来就长得越好。树有树的样子，人有人的样子，长一寸有一寸的欢喜。这欢喜是永远的，是属于你自己的，是没有人能夺去的。也有一位同学问，长远的理想和童年的快乐是不是矛盾的？我相信，一个人童年的快乐和他要追求的长远的理想之间，从来都不会矛盾，因为长远的理想就是要保护快乐的童年，如果它保护不了你快乐的童年，这样的理想便是不健康的理想，是有病的理想。一个美好的理想既要保护一个人快乐的童年，更要保护你慢慢地像一棵树一样的成长，不受外界的影响，你的内心要保持像树一样的沉默，保持树一样的安静，你才有可能真正找到童年的快乐，真正找到你将来的理想所在。

长一寸有一寸的欢喜，我愿你们今晚都能记住这句话，因为人是怀抱着理想、希望和意志而存在的。人不仅仅是物质的存在，更重要的是精神的存在。今天晚上我特别荣幸站在这里跟你们一起分享了你们的梦想，一个人有梦想，一棵树也有梦想，不同的树有不同的梦想，不同的人有不同的梦想。今夜也许我看不见你们的面孔，只看见你们的荧光棒，只听见你们的声音，我相信在未来的岁月里，你们会成为不一样的人，就像每一棵树成为不一样的树。既然每一棵树都要努力站成树的样子，树犹如此，何况人乎？所以让我们在未来的岁月当中像一棵树一样生长吧！让我们站成苹果树的样子，站成松树的样子，站成柏树的样子，站成榕树的样子，站成樱桃树的样子，站成无花果树的样子……世上有多少种树，就会有多少种人。愿你们的梦想成真，愿你们真的成为最好的你自己。谢谢大家！

2019 年 5 月 10 日在浙江苍南县
第一实验小学毕业仪式上的讲话
根据录音整理

春天是个读书天

大家好！我今天分享的题目是《春天是个读书天》。

我的窗外是春雨绵绵，但是，古人说，春天不是读书天。春天来了，花都开了，树都绿了，这世界如此美好，应该到户外去享受这春光的美好。是的，应该到春天里去，进入春天的现场。但是读书与踏春、踏青不矛盾，因为只有你读过更多的书，你才能真正理解春天。如同清朝诗人袁枚所说的："儿童不知春，问草何故绿。"要明白草为什么绿，春天为什么年年都来，岂不是在书中才能明白？大家都知道法国哲学家笛卡尔的那句名言："我思故我在。"我也可以把这句话借过来说："我读故我在。"透过读书，我们可以看见古今中外那些有智慧的人，那些有创造力的人，他们怎样把自己的世界打开，让更多的人看见他的创造。我想起法国作家罗曼·罗兰的一篇文章《论创造》，他说："生命是一张弓，那弓弦是梦想。"那箭手是谁呢？箭手就是你。每一个箭手生下来就有一张弓，也许每一个人都有弓弦，有梦想，但是，要让生命的弓和弓弦射出去还需要箭，箭从哪里来？对于每一个人来说，这才是最重要的事。读书就是让你拥有箭。《三国演义》里诸葛亮草船借箭，我们今日要读书借箭，就是从古今中外的作者那里借到一支又一支的箭，箭可以构成我们一生创造用不完的能量基础。罗曼·罗兰留下了一部名著《约翰·克利斯朵夫》。罗曼·罗兰是一个充满梦想，充满了想象，具有极好感觉的作家。我相信每一个人的箭并不是与生俱来的。你可以进入到遥远的你未曾抵达过的意大利文艺复兴时代，你也可以到英国的伊丽莎白时代，你可以到美国诗人惠特曼写《草叶集》的那个时代，空间限制不了你，时间也限制不了你，你可以深入到你未曾生活过的过去，你也可以跨越到你未曾抵达过的远方。读书就是延伸了你的生命，一下子就将你的生命拓宽了，将你变成了一个可以与古人站在一起与另一个世界的人站在一起的人，那是多么美好多么奇妙的一件事。

你说读书为什么，我说读书就是为了寻找人之所以为人的价值，寻找一种更高的人生价值。中国有个美学家高尔泰先生，他在《美是自由的象征》这本书中曾经说：你不要去说李白、杜甫，就是从《诗经》以来，唐诗、宋词，也包括陶渊明的作品，其中都表现出了一种永不满足的需要，一种对于更高人生价值的渴望。这些历代的诗人、作家，他们创造的这些作品，都是在寻找更高的人生价值，因为他们心中都有一种对更高的人生价值的渴望，这种渴望其实也是与生俱来的。

有的人也许没有读书的机会，所以他就失去了追寻更高人生价值的可能。但是，这并不表明他生下来就没有追寻这种价值的渴望。我非常喜欢美国的盲人作家海伦·凯勒，她的眼睛虽然看不见，但是，她读过很多书，她读的书是通过盲文版也就是摸出来的，或者是听别人朗读的，她在那篇很有名的文章《假如给我三天光明》中说，假如有三天让她看见，她要做些什么。那三天当中最忙碌的当然是第一天，第一天是她最最忙的一天，她要做很多很多的事，但是她不会忘记她读过的书，和她想要读的书，她说："我的目光将会崇敬地落在我读过的盲文书籍上。"诗人顾城的诗中说："我想在大地上画满窗子，让所有习惯黑暗的眼睛，都习惯光明。"

通过读书，美国的盲人作家海伦·凯勒，就在她心中画满了窗子，虽然她眼睛看不见，但是她的心看得见。在大地上画满窗子的最好方式，就是不断地去读好书，读各种各样的好书，让自己的精神变得饱满，让每一个春天变得更美。不仅有自然的花在开，也有心中的花在开。人类的智慧都凝结在一代又一代人留下的书当中，离开了这些，人就无法确定自己。人类对自身的确定，在某种意义上不是通过单独的一个人有限的一生来确定的，而是通过一代又一代人的不断努力，将自己的思考，将自己最有价值的思想、想象、审美凝结成最好的文字，或者用其他的媒介保留下来，可以分享给后世的人，这也就是美国诗人惠特曼所说的："过去、现在和将来不是脱节的，而是相关联的。"因为一代又一代人就是通过这样的方式，通过读书连接在一起的。我们可以没有见过苏东坡，没有见过李白、杜甫，我们可以没有见过曹雪芹，但是我们读过苏东坡的文章诗词，读过李白、杜甫的诗，我们读过《红楼梦》，仿佛跟他们面对面，我们一直在分享他们的经验、他们的智慧以及他们对这个世界的理解。从这个意义上说，我想读书不是简单的加法，人生不是简单的加减，读书是给人生做乘法，是有限乘无限，是一滴水乘大海，当一滴水融入大海，当有限融入无限的时候，你可以想见，这就不是一个物理的问题了，这是一个超越性的精神问题了。读书就是让你的精神生命不断地扩展，变得越来越大，世界就变成了你的世界，你可以进入遥远的地方、陌生的领域。

"你要写实验报告、科研论文，没有一定的语文表达能力也不行。"这是数学家苏步青说的话。他从小就喜欢阅读，读过很多的书，尤其拿手的是背诵《左传》。大家知道《左传》是古代的历史名著，他在初中一年级的时候，曾仿照《左传》的笔法写了一篇作文，他的老师看了以后连声叫好，列为全班第一，认为这完全是《左传》的笔法。不过老师还是有点怀疑，你这么个小孩能写出这么好的作文？所以老师就去问苏步青："这是你自己写的吗？"苏步青回答说："是的，我会背《左传》。"老师挑了一篇让苏步青来背，他背得滚瓜烂熟，这样老师就相信了，原来苏步青真的非常熟悉《左传》，难怪能用《左传》的笔调写出作文来。

过去有许多科学家都非常喜欢阅读，尤其熟悉古文，中国有个化学家叫杨石先，他小时候就熟读《古文观止》，他去考清华学校的时候，考试题目是《天下兴亡 匹夫有责》，他就用文言文写出了一篇头头是道、很有见地的文章，他被录取了。这样的人有很多。

我们知道读书是写作的基础，没有一定的阅读要去空想，那就是无源之水、无本之木。所以，读书是每一个人寻找更高人生价值的根基所在，读书也是每个人走向世界的第一步，不仅数学家需要读书，化学家需要读书，文学家更要读书。王鼎钧先生回忆他的小学时代，他写了一本书《昨天的云》，这本书的题目是从台湾诗人痖弦的一首诗里面借来的，那一句诗是"今天的云抄袭昨天的云"。王鼎钧回忆自己的小学时代，老师把他们带进《荷马史诗》《希腊神话》，也带进了安徒生的童话里，他们小小年纪就读过鲁迅的《阿 Q 正传》，还读过许地山的作品，那时候，他们小学的高年级同学中有人会背荷马史诗中的《奥德赛》，甚至有人用了几天的时间把鲁迅的《阿 Q 正传》背下来。《阿 Q 正传》几万字，好长啊，就因为老师偶然地赞叹了一句说：这样精炼的白话文应该背诵，值得背诵，就有人去背。真是好难的一件事，给我印象很深。这位老师是一位好老师，懂写作，懂读书，给孩子们打开了一个很大的世界，作为作家的王鼎钧，从某种意义上，就是从小学的时候起步的，那个时候，他就看过《从文自传》，看过巴金的《家》，也看过茅盾的《子夜》，看过郁达夫等人的作品。他也读过鲁迅的《野草》，《野草》的文字凝炼、深刻，白话文那个时候算是刚刚起步不久，但是鲁迅先生就写出了让人惊艳的文字，比如说，大家都知道的那个开头，就是《秋夜》里面的开头："在我的后园，可以看见墙外有两株树，一株是枣树，还有一株也是枣树。"这是人们经常讨论的话题，只有鲁迅才会这样写，给人非常深刻的印象。

沈从文的自传写的是他的二十岁以前，尤其是童年、少年时代的经历，他自称读世界上的小书，也读世界上的大书。小书是什么？小书就是有字的书，大书就是无字的书，天地万物人事都是这本大书。作家沈从文就是在少年时代，读小书，读大书，读出了从边城走向世界的沈从文。

许渊冲先生是一个翻译家，他回忆自己在西南联大做学生的时代，曾经听闻一多先生讲课，闻一多先生是学美术出身的，又是一个诗人，最后成了一个学者。他的眼光、判断常常跟其他人不一样，他讲唐诗就与众不同，给许渊冲特别深的印象。许渊冲记得他解释大家都会背的那首诗："白日依山尽，黄河入海流。欲穷千里目，更上一层楼。"就这么二十个字，短短的一首小诗，他讲起来就完全不一样。他说第一句五个字就写出了画家很难画出来的一幅图画，让人看到一轮光辉灿烂的太阳沿着高耸入云的山峰缓缓地落下去了,这是一个动态,只有凭想象能看到这样的落日。而画家只能画出静态的镜头,画不出落日的全过程。第二句"黄河入海流",画布从天上转移到了地上,主体从"夕阳"转换成了"长河""大海"。如果说第一句写出了画中看不见的动的风景,第二句就写出了画中听不到的江声,写得多好呀!"白日依山尽",靠这个"依"字,闻一多讲"白日依山尽,黄河入海流"这两句,一句是动态,用一个"依"字写出来,第二句"黄河入海流"是让你听见河水的声音一样,那都是画不出来的。动态是画不出来的,声音也是画不出来的。第三句写人,"欲穷千里目",从天、地、河流、大海转到了人,是有着广大胸怀的人,是要看得远的人。前三句从天地到人都是远景,那最后一句呢?"更上一层楼",镜头拉近了,是近景。在天地山河的衬托之下,就会显得这个楼高,能看得见天下的风光。六十年后,许渊冲念念不忘闻一多先生给他讲这一首绝句,我们人人都会背的这首小诗的场景。当时他没有做笔记,只是凭记忆,就好像闻一多先生在给他说,五言绝句是唐诗当中的精品,二十个字就像是二十个仙人,一个都不能滥竽充数呵。你读这一首王之涣的《登鹳雀楼》,就可以知道这句话是对的。因为这句话包含了很深的意思，二十个字个个都是不含糊。

　　我们再来看钱锺书，无锡人，一个学问家，他父亲也是一个很有学问的人——钱基博，可以说是家学渊源。钱锺书从小就爱读书，也读了很多的书，他读的书中最多的当然是古书，他父亲所读的四书五经、《史记》、唐宋八大家的文选，当然他也是要读的。但是有一个特别的机缘，就是跟伯父上茶馆，伯父就会花一个铜板给他买一个大酥饼吃，然后又花两个铜板让他在小书摊上租通俗小说看，他从小就读了很多杂书、闲书，那时候他连阿拉伯数字1、2、3都不认识，对《三国演义》《西游记》和《说唐》中的各种兵器却记得烂熟，还产生了很多联想，关羽如果进了《说唐》，他那把刀只有八十二斤重，怎能抵得过李元霸那一对八百斤重的锤子呢？他又想李元霸进了《西游记》，怎么抵得过孙悟空那一万三千五百斤的金箍棒，这是幼小的钱锺书读书的一些联想。小时候的这些阅读经验，这些幼稚的联想，是不是带他迈进了未来学问之门呢？

　　每个孩子都需要读书，需要联想，需要不断地去寻找，这个过程是个美好的过程。如果说一棵松树包含着全部松树的秘密，一本书却不可能包含全部书的秘密，一本书只是一个起点，要把一个一个的点，连成一条一条的线，最后织成网。读书的过程就像是织网的过程，读万卷书可以让一个人的心灵变得深厚、博大，这些书可以内化为你生命的一部分。

一本好书进入你的世界，你读了这本书，不再书是书你是你，这书也会成为你生命的一部分。

难怪美国盲人作家海伦·凯勒在《假如给我三天光明》中说，一旦有了视力，能够看得见的时候，她第一天就会去触摸那些书，就会想看那些书。我小时候读过一本书，是前苏联的作家伊林写的，他写过《十万个为什么》，我看的是《人怎样变成巨人》第二部的第三册，是写给儿童的关于世界历史的书。他的文笔特别精彩，随便挑出来都觉得很好，我几十年都忘不掉。他讲布鲁诺——那个在罗马鲜花广场上被火刑烧死的那个哲学家，在各个时代和各个地方之间旅行。为什么布鲁诺在各个时代和各个地方旅行呢？人能穿越时代吗？原来就是我前面说的，他在读书，从这书架到那个书架，从地板到天花板，才有多远呢？但他在图书馆里消磨了大量的时间，因为他在各个时代和各个地方旅行啊——"他重新走过人类的整个路程。希腊的哲学家们引导他在哲人的路上走，把世界的围墙越移越远。在希腊人之后，阿拉伯人和犹太人又来了。"他明白，"世界是永存的，一个人仅仅是人类大海里的一滴水。人死亡，人类却遗留下来。"让自己这一滴水乘以大海，也就是读书的过程。所以我刚才说读书就是人生中作乘法的事，不是简单的加法。从这个角度说，布鲁诺今天还活在我们中间，因为我们读书的时候也会读这个布鲁诺，他好像就没有离开一样。当年，当人类最初发现地球是圆的，人类的那种欣喜、那种激动，在伊林的这本书里也依稀可以看见。航行家发现说服不了那些不相信地球是圆的人，后来有一个德国人马丁·贝海姆却造了个地球仪，跟苹果一样的地球仪，球面上画了大陆海洋，还写了这么一句话："在这个苹果型的东西上，按测量结果画着全世界。"好似任何人都不怀疑世界很简单，到处都可以撑船或步行过去，就像这上面画的一样，他把自己刚刚制好的地球苹果分享给世人。这些故事，我那个时候读了就很喜欢，而且一直难忘，这就是一本好书带来的影响，这本书也变成了我生命的一部分，我经常把这本书推荐给小朋友。《人怎样变成巨人》以优美的、浅显的文笔，重塑了世界历史，让人看到人类是怎么走过来的，虽然现在有人可能觉得有一些过时了，但是，我当初读的时候觉得这样的文字真是美呀！他在结束语里说：

　　我们在半路上离开了我们的主人公。布鲁诺一生的结束，不是人类的结束。因此布鲁诺才那么勇敢地迎接了死亡。

……我们没有能够列举我们的主人公所有的名字，你知道曾经创造过文化和正在创造文化的有成百万的人。

这本书讲的是世界历史，那么多人物，那么多地名，他却以这么可爱的方式写出来。读这样的书，读着读着，我们就把它变成了我们生命的一部分。读书的过程就是生命成长的过程，让我们所读的书变成我们生命的一部分，让过去、现在、将来，不再是脱节的，而是连在一起的，也与一个个春天连在一起。

2019 年春天在"少年日知录"在线平台上的讲话

根据录音整理

点亮母语

孩子们、家长们、朋友们，下午好！

昨天下午，我们刚刚从海宁游学回来，海宁最有名的当然是海宁潮（或叫浙江潮），小学四年级《语文》第一课就是。有人说，海潮的涨落体现了太阳系的游戏规则。而王国维、蒋百里、徐志摩、金庸他们都是这"天下第一潮"捎向人间的绝世奇才，无论是学者、军事学家，还是诗人、作家，无论他们用文言文还是用白话文写作，他们都是母语时空中的射雕者。今天汇聚在这里的孩子们，你们是母语时空中的射雕少年，我想起王维的《少年行》，也想起王国维的诗句："一事能狂便少年"和"一生须惜少年时"，金庸少年时，在衢州中学念书，在《东南日报》发表的第一篇习作，就以《一事能狂便少年》为题。去年今日，我们在杭州少儿图书馆举行国语书塾童子班一周年分享会，主题是"在母语的时空射雕"。两年以来、一年以来，你们不断地被母语点亮。

母语的河流滔滔不绝，从远古流来。"桃之夭夭""杨柳依依""绿竹猗猗"，或"燕燕于飞，差池其羽""鸿雁于飞，肃肃其羽""七月在野，八月在宇，九月在户，十月蟋蟀入我床下"。桃花、杨柳、竹子，燕子、大雁、蟋蟀，早已在《诗经》中化为千古不灭的诗句，我们顺流而下，在王维、李白、杜甫、白居易的诗中，在唐宋八大家的古文中不断地寻找母语之美、体会母语之美。

过去的两年，国语书塾的孩子们脚踏实地，从《唐诗三百首》和《古文观止》入手，背诵成为你们日常的功课。从这个月起，在古诗方面，石梁一班的同学将从唐诗转向宋词，开始接触龙榆生的《唐宋名家词选》，二班和三班的同学还是背《唐诗三百首》。在古文方面，石梁一班的不少同学已经能背诵古文名篇四十篇以上，包括冯彦臻、李点乐、付润石、金恬欣等人，最多的已突破五十篇，比如冯彦臻。金恬欣在一年中就背下了四十篇，追平了早来一年的同学。能背诵三十篇以上的有很多人，包括刘艺婷、赵馨悦、曾子齐、黄云翀、刘尚钊、夏歆然、陈奕名、黄若瑜等等。四年级的陈奕名，短短一年也背诵了三十篇，其中包括《过秦论》这样深奥的篇目。他们在台上的表现，是他们日复一日、细水长流的积累，他们从古文中初步体会到了母语之美。从古文到白话是顺流而下，鲁迅、胡适他们的白话文是这样来的，你们也不会例外。同样从中国到世界、从古典到现代，也是顺理成章、自然而然的，我们既不妄自菲薄，更不固步自封。

过去的两年，国语书塾的孩子们眺望远方，不仅在古文、古诗的世界中呼吸，也在希腊以来的西方文明中呼吸，因为我们知道母语不仅是古老中国沉淀下来的那些经典，而且在时间中（尤其最近一百多年来）不断地拓展着自己的疆界，当朱生豪以全部生命将莎士比亚的英语剧本译成中文，当傅雷将法语的《约翰·克里斯多夫》译成中文，当绿原、钱春绮等人将《浮士德》从德语译成中文，当罗念生将希腊语的《荷马史诗》和古希腊的悲喜剧译成中文、当查良铮将普希金和雪莱、拜伦的诗集译成中文……这些原本属于英语、法语、德语、希腊语、俄语的经典也就变成了我们母语的一部分，这些翻译家以他们的努力极大地丰富了我们的母语，提升了母语的可能性。翻译家们有一个共同的特点，不仅是精通某种甚至几种外语，更重要的是他们都有极好的母语根基。39 岁就撒手而去的朱生豪毕业于之江大学国文系，他的母语水平深受"一代词宗"夏承焘先生的赏识，我很有幸在少年时代遇到过两位老师，他们都是夏承焘先生的弟子，都是被母语点亮的人。

被母语点亮，是人生最美的事。王国维说"一生须惜少年时"，不在少年之时被点亮，难道要等到光阴逝去再来追悔吗？你们被那些千古名句点亮，那些名句、名篇也将成为你们生命的一部分。当你将《兰亭集序》背下来，你的生命中就有一个王羲之，"永和九年"这个时间与你就有神秘的连接。当你将《前赤壁赋》背下来，你的生命中就有一个苏东坡，"壬戌之秋"就永远与你同在。当你将《岳阳楼记》背下来，你的生命中就有一个范仲淹，"庆历四年春"就是一个与你有关的时间。当你将《前出师表》背下来，诸葛亮就不再是一个说说而已的故事，而是在你记忆中活着的形象，一个"受任于败军之际、奉命于危难之间"的智者和勇者。当你将《将进酒》《行路难》背下来，你身上就有一个李白。当你将《春望》《登高》《茅屋为秋风所破歌》背下来，你身上就有一个杜甫。当你将《长恨歌》《琵琶行》背下来，那位"江州司马青衫湿"的白居易就会住在你的身体中，

"春风桃李花开日，秋雨梧桐叶落时"也成为你的时光。这些母语时空中的射雕老手都会一一进入射雕少年的生命深处，这是多么奇妙的相遇。这种相遇点亮的不仅是你的此刻，而是你整个的一生。

当你们演绎古希腊悲剧作家埃斯库罗斯的《普罗米修斯》，大声地呼喊"啊，晴明的天空，快翅膀的风，江河的流水，万顷海波的欢笑……"；当你们演绎歌德的《浮士德》，追问生命的秘密"你真美啊，请停一停……"；当你们演绎莎士比亚的《哈姆雷特》，说出"生存还是毁灭，这是一个值得考虑问题"；当你们在演绎梅特林克的《青鸟》，或者你们在演绎顾毓琇的《荆轲》《岳飞》或《木兰辞》时，你们少年的生命正在被点亮。当你们穿梭在泰戈尔的英文诗篇和不同的中文译本之间时，你们则化作了一只只飞鸟……我深信，那一个个的瞬间，你们少年的生命正在被点亮。感谢大胡子黄岳杰教授给你们开的"朗诵与表演"课，将生命的热情传递给你们。感谢沉思者闻中教授给你们开的"中英文对读课"，分享他的智慧。希望新来的三班和二班的同学将来也有幸能享受黄教授和闻中教授的课。

国语书塾的核心课程是"与世界对话"，我的基本构想是"三年百课千人"，也就是三年时间、一百次课、让每个孩子认识一千个古今中外的作者,他们中有作家、诗人、画家、音乐家,也有科学家、哲学家、政治家。我强调以母语为切入口,贯通中西,融合古典与现代、自然与社会,每一次课都试图以小题目做大文章,文、史、哲、艺、科均有涉及。自 2017 年 10 月 7 日以来,已完成初步的课程设计。

过去的两年,我们读万卷书,行万里路,从富春江、兰亭、百草园、三味书屋到白马湖、北京、南京、无锡、西安、嘉兴、海宁,从希腊、意大利、法国到比利时、荷兰、德国,未来的一年还将去西班牙、葡萄牙、英国……德国哲学家雅斯贝斯在他的传世之作《历史的起源与目标》中论及:"从 1500 年至 1800 年,欧洲优异的精神成就——以米开朗基罗、拉斐尔、达·芬奇、莎士比亚、伦勃朗、歌德、斯宾诺莎、康德、巴哈、莫扎特等为代表——使科学技术相形见绌,与 2500 年前的轴心期平分秋色。"过去这一年多,你们当中的部分孩子跟我从意大利、荷兰到德国,一路走来,就是亲近这些文艺复兴以来的人类之子,他们在绘画、雕塑、文学、哲学、音乐上的创造性突破,让我们在他们的创造与想象中看见了永恒。

许多时候,一次游学的课就相当于一个学期的密度,比如西安六天和这次嘉兴、海宁六天,我们每次都要上九课。游学途中，你们不仅上课、写作，还要演话剧，一路走来，演过的剧本已不少，在威尼斯演的《威尼斯商人》，在北京演的《幸遇先生蔡》，在南京演的《桃花扇·余韵》，在比利时梅特林克故乡演的《青鸟》，在无锡顾毓琇故居演的《岳飞》，在西安演的《荆轲》，在德国魏玛演的《浮士德》，在嘉兴朱生豪故居演的《哈姆雷特》……今天孩子们演出的《浮士德》《荆轲》和《青鸟》就是在游学途中演过的三个片段。

我们的母语不仅是写出来也是说出来的。表演对于一个少年成长的重要性，英国哲学家罗素说得很清楚，我在春季的开班致辞《像树一样向上生长》中引用过。表演是人类的天性，除了《青鸟》是黄教授给孩子们排练过，其他都是我选好了剧本，他们自导自演，自己去体会角色的性格。我看重的不是他们的演出的专业性，恰恰相反，我看重业余性，在很不专业的表演中，他们正在打开自己奇妙的生命之门，提升自己的母语表达能力。母语表达是书面和口头并重的，有的人终其一生都没有口头表达的能力，一登台就拿稿子念，而且也念得糊糊涂涂的（比如金庸，一手锦绣文章，漂亮干净的白话文，却缺乏口头表达的能力）。这里特别要说一说石梁一班的冯彦臻，她从《幸遇先生蔡》挑战傅斯年这个角色到《岳飞》中的主角岳飞、《荆轲》中的主角荆轲、《浮士德》中的主角浮士德……也许她不是演得最好的，但她一路敢于挑战自我，一次次地突破了自我。

许多孩子说，游学让他们成长得最快，他们中不少人都有相同的体验，在某一次游学时有了神奇的突破，或者每一次都有新的突破。李点乐第一次的突破是兰亭之行。付润石第一次真正的突破自己是意大利文艺复兴之旅，今年夏天他从德国归来，在笔记本上写出了密密麻麻十三页的小结《德意志如是说》，洋洋洒洒四五千言，结构严谨，思路精巧，文笔流畅，距他上一次新的突破，相距仅仅一年。刘艺婷正是从希腊、意大利、法国和富春江、南京、西安……一路走来，才画出了那些可爱的插画，她笔下的文字也变得越来越丰厚。赵馨悦、冯彦臻等都是在一次次的游学中悄悄成长起来的。其他许多童子也在游学中开始悄悄突破自己。

难忘的旅途经历和课堂的结合，使"读世界"不再是一句空话，而是脚踏实地地走出去，这是代价昂贵、不无奢侈的万里行，但少年的版图因此得以大大地扩展，不光是地理上的版图，更要紧的是精神上的版图。当但丁、达·芬奇、雨果、伏尔泰、卢梭、梅特林克、斯宾诺莎、伦勃朗、韦伯、歌德、席勒、尼采、格林兄弟、洪堡兄弟……不再是一个个纸上的符号，而是你们人生经历中亲近过的故人时，他们的作品、他们的思想、他们的人生不再是枯燥乏味或深奥莫测的，而变得可亲可近可以触摸，射雕少年的时光渐渐被点亮。

当你们被古今中外的精神资源所点亮，被最好的母语所点亮，我想说最好的母语不只是藏在《诗经》《楚辞》、唐诗宋词、唐宋八大家和《红楼梦》里，不只是在鲁迅、周作人、沈从文他们的白话文中，也在朱生豪译的莎士比亚、傅雷译的罗曼·罗兰作品中……

被母语点亮，是被生生不息、活着的开放的母语之流点亮，是被广阔的指向无限可能的美的母语点亮。死的母语、教条的母语、百度词条式的、公文式样的母语不会点亮人，射雕少年最终要成为母语时空的射雕老手，也就是自己也参与到点亮母语的行列中，需要的是扎实的根底、开阔的视野、穿越古今东西的想象力，没有比想象力更重要的了，所有的一切都要教你们成为一个有想象力的孩子，成为一个拥有美好心灵的席勒的"审美共和国"，同时也是雨果的"思想共和国"。

我想告诉孩子们，这本近十万字的习作选，我已欣喜地看到——你们正开始悄悄地点亮母语，因为你们自身被母语点亮了。点亮母语，几千年来，是《诗经》中的那些无名作者做过的，是屈原、司马迁、曹氏父子、陶渊明他们做过的，是李白杜甫和星斗灿烂的唐代诗人们做过的，是苏东坡、欧阳修、柳永、李清照他们做过的，是关汉卿、汤显祖、孔尚任他们做过的，是罗贯中、施耐庵、吴承恩、曹雪芹他们做过的，也是梁启超、王国维、陈寅恪他们做过的，胡适、鲁迅、徐志摩、沈从文他们做过的……你们，最终能不能加入到这个点亮母语的序列中，取决于你们在童年、少年时代奠定的根基够不够扎实，你们获取的精神滋养够不够深厚，你们有没有足够的想象力，有没有健全的审美趣味，支撑你们走向一个更辽阔的世界。

我想说，国语书塾只是我个人一次小小的儿童母语教育实验，是我在知天命之年的临时起意，就是回到儿童，回到母语，回到教育，也可以说，这是我为抵抗时间和虚无所作出的选择。我试图通过这个实验与充满无限可能性的儿童建立真实的生命连接，让国语书塾的童子们——就是你们——在童年、少年时代与古今中外的经典相遇，与人类文明中最有智慧的人相遇，将那些经过时间考验的最美、最有价值的文本带到你们的视野中。可以说，国语书塾实行的是以母语为中心的人文教育，我的用心是为中国的儿童母语教育提供一个小小的样本，

一个上接先秦诸子、希腊先哲、民国先生，下启未来的
新样本。

2019 年 10 月 7 日国语书塾童子班二周年分享会上的讲话

你们正在生成自己的时间

蓦然回首，国语书塾童子班已经三年了。

三年，时间悄悄地来，悄悄地去，没有声音，没有颜色，也没有气味。但我们"与世界对话"的课堂有声音、有颜色、有气味，我们一同行过的万里路有声音、有颜色、有气味，你们的笔尖流出的是声音、颜色和气味，你们演过的戏也有声有色有味。

虽然我们抓不住时间，时间却天天抓住我们。三年，不急也不慢，那些时光已凝固成我们共同的"国语书塾时间"。

德国哲学家海德格尔的这个说法何等奇妙："人不只是在时间里，他更会生成时间。石头、植物和大多数的动物，则只在时间里，它们并不会生成它。"

过去的三年，我们与世界对话，生成了自己的时间。在垃圾时间的重围之中，我们真实地拥有了自己的黄金时间，虚空的时间因为我们饱吸人类精神的雨露而变得充实。你们的想象力、审美力、思想力都得到了大大的提升，看着你们不断地突破自己，你们的世界一天天扩大，我为你们感到高兴。

在"国语书塾时间"里，你们一起读出来、背出来、写出来、演出来、走出来，每一天都有新的收获，每一天都有新的喜悦。我曾推荐你们读智利诗人聂鲁达的《疑问集》，在"与牛对话"时，我上课时提到了其中一句诗："你有没有发现秋天／像一头黄色的母牛？"四年级的徐未央同学受到启发，当晚写出了非常精彩的习作《是它，踏出一个秋天》。在"与日出对话"课后，五年级的赵涵同学读到了聂鲁达的诗句："今天的太阳和昨日的一样吗？这把火和那把火不同吗？"为此激动且不无懊悔地说，要是早点读到这句诗就好了，她的习作《日出说》就会有更好的思路。

回望过去的时光，首先我想说的是——国语有种。你们读过美国作家梭罗的《种子的信仰》，这种子就藏在人类有文明以来留下的最珍贵的精神宝库里。三年来，我们一起读世界，读东，也读西，正是古今中外的经典读物日复一日将你们带进了一个个崭新而奇异的世界。研究中国古典文学，又关注东欧文学和思想的景凯旋先生（他也是国语书塾的导师），曾跟我说起美籍波兰诗人、诺贝尔文学奖获得者切斯瓦夫·米沃什晚年的一首诗《礼物》：

> 多么快乐的一天
>
> 雾早就散了，我在花园里干活
>
> 蜂鸟停在忍冬花的上面
>
> 尘世中没有什么我想占有
>
> 我知道没有人值得我去妒忌
>
> 无论我遭受了怎样的不幸
>
> 我都已忘记
>
> 想到我曾是同样的人并不使我窘迫
>
> 我的身体里没有疼痛
>
> 直起腰，我看见蓝色的海和白帆

他说："这不就是'采菊东篱下，悠然见南山'吗？似乎中西文化长期分开后，两个古老源头又汇在一起了。"

我还是第一次读到米沃什的这首诗，非常欣喜，我说了一句："从个体的存在着眼，东西相通。可惜陶渊明抬头所见的是山，山是自然，也是阻隔。米沃什看见的是海，一望无际。这里是否又有了东西之别？"

见山，更要见海。我们不能只读中国书，这将限制自己的视野，从一开始，国语书塾"与世界对话"的课堂就是古今东西兼容并蓄，我推荐给你们的书目也是东西并重。

阅读名篇佳作已成为不少童子的日常功课，从文学到科学，从历史到艺术，有的童子甚至开始接触哲学。在"与世界对话"每课一两万字的阅读材料之外，有的童子还读了大量课外书，写了不少读书笔记。特别是付润石同学，他啃下了德国诗人歌德的大部头《浮士德》，以自己的思路重新改编了其中几个片断。他读塞万提斯的《堂吉诃德》，与金庸的武侠小说联系在一起，写过读书笔记。他读《胡适文集》，被胡适续写的《西游记八十一难》吸引，动手改编成了近六千字的六幕短剧。我们来看看第一幕：

（在云端）

（城，在西方。在古老的半岛。然而，西方也不是最西的地方，半岛也不是最古老的半岛。从前这里是成群的印度人，大象和长牙穿街而过；现在这里是佛塔悠悠和钟声绵绵，落英缤纷，莺鸟乱鸣。此时若桃花源仍在，比于灵山之脚的这片土地，也只能黯然失色。城市从古老的废墟中生长出来，城郊的石头废墟中，还隐隐闪烁着金黄的碎片和古老的模样。）

歌队： 日暮途远，山林静寂，群山

向着日落之地绵延。

银色的小溪汇入金色的大江

这神圣的西方世界，善与美交织的地方！

歌队长 1： 想当年，大唐的旌旗飘扬长安

万户捣衣声和着木鱼晨钟

想当年，石破惊天出美猴王

穿风穿雨，穿云穿雾，

从东海之滨，至西天灵山

忽然之间，又已百年。

歌队长 2： 瞧！师徒四人登上云端，离开

神圣的灵山。

一山又一山，一难又一难

用一双手足，

度过那般艰险，无限的苦难

歌队： 然而还少区区一难

被如来观音知觉

九九方能归真

三塔烟雨中

四大金刚

踩云端

唐僧

到！

歌队长1，2：可叹一难之差，高处不胜寒

看前方巨石排空，经书乱卷。

这些歌词融汇了他接触过的希腊悲剧风格和他从古文中吸收的语言精华，读来荡气回肠，而并不显得生硬。

回望2017年10月7日，那一天是农历八月十八，正是壮观天下无的钱江潮席卷而来的日子，我们第一课就是与"天下第一潮"对话。国语书塾的第一个学季一共十一课，开班仪式的主题"发光如星"也可以作为这一季的主题。这是我与童子们一起读世界的开始。

2018年春季也是十一课，围绕着梅花、桃花、杨柳、春雨、春天和瓦尔登湖，我想以"春天的小路绿了"为主题。五年级的付润石在与梅花对话时写出了一句：

　　"我是你的授粉者。"蜜蜂淡淡地说，消失在浮动的暗香中。

　　这是对林和靖的名句"暗香浮动月黄昏"的化用，开始找到一点感觉。

　　刘艺婷、李点乐、张哲语、冯嘉乐等也都有突破，特别是李点乐在兰亭回来后，第一次写出了一千六百多字的习作《兰亭之声》。

　　2018年秋季课的主题是"一滴水开始"，我的开学致辞就是《一滴水开始的知识革命》。这一季"与世界对话"共有十三课，我们与芦苇对话，与苹果对话，与蟋蟀对话，与大雁对话，与菊花对话，与红叶对话，与鱼对话，与秋天对话……我不无惊喜地发现你们好像飞起来了，意大利、北京游学回来后，你们的母语表达能力有了很大的突破。

　　2019年春季课的主题"像树一样向上生长"，"与世界对话"虽然只有9课，但你们的进步非常显著，与燕子、蝴蝶、草、茶、竹、诸葛亮、星星对话……每课的习作都有可圈可点处。

　　2019年秋季课的主题"像云一样思想"，一共十三课，我们与石头、知了、萤火虫、墙、门、窗、岳阳楼、苏东坡、腊梅、雪、冰、冬天，最后一课是与云对话。你们在母语表达上开始全面起飞，让我产生了创造西湖书写的第四个谱系（在文人谱系、英雄谱系、美女谱系之后的童子谱系），写一部"少年西湖记"的念头，以"四季西湖与文化中国"为主题的第一期西湖走读课，也从10月开始。你们果然写出了令我眼睛一亮的习作。

2020年春季由于疫情的原因，5月中旬以前都是在线上课，这一季共十三课，主题为"世界是圆的"，我们与风、雾、水、桥、牛、马、网、手等对话，与日落、日出对话，与牛顿对话，最后一课是与圆对话。

三年来，许多童子背出了六十篇古文名篇，背出了普罗米修斯、哈姆雷特、浮士德等经典独白，好几位童子一年就背出了四十多篇古文名篇，有人甚至一年就背了六十篇。

国语有种，这种子来自《诗经》《楚辞》、唐诗宋词，来自《古文观止》，也来自希腊悲剧、但丁、歌德、莎士比亚他们，来自"种豆南山下"的陶渊明，也来自种豆瓦尔登湖畔的梭罗，只有东西汇通，才能滋养一个处于开放时代的少年，我不相信人类可以退回到地理大发现之前相互隔绝的时代，"种子的信仰"毫无疑问要建立在世界视野之上，而不是回到古老封闭的状态，拒绝普世的文明资源。

"秋菊有佳色", "不是花中偏爱菊", 这菊花不仅为陶渊明东篱下所采, 被唐宋诗人反复吟咏, 也出现在比利时作家梅特林克《花的智慧》中。我仍记得"与菊对话"那一课, 你们最初读到这些语言时的惊喜——"一个神秘的声音为时间和空间发出同一口令, 最漂亮的女士, 虽然身处不同国度、不同地区, 都会同时接受并遵循了这道神奇的圣旨。""最漂亮的女士"就是菊花。

正如我们"与红叶对话"时, 向往的不只是杜牧的"霜叶红于二月花", 更有梭罗的红枫——在那个山坡上升起它猩红色的旗帜, "也许现在我们可以完全读懂它的名字, 或者说, 它的红色标题。它的美德——而非罪恶, 同样是猩红色的。"

源自东西的种子在你们的心中酝酿、发芽, 最终也化作你们自己的母语。国语书塾是一个作坊, 你们一起读、背、演、走、写, 这是一个类似酿酒的过程, 所有吸收的资源在你们心中起的是化学反应。我相信种子, 相信时间, 种子在时间中会发芽, 长大, 开花, 结果。

今年 6 月底, 我们与莲对话时, 郑佳煜写出了"在像淤泥一样的时间里, 莲仍是莲"这样的句子, 伸手拈来, 一点也不觉得吃力。李点乐写的《谁戏莲叶间》, 其中说:

不知八大山人是否呼吸到莲的秘密？一朵朵永恒的莲花在墨色中绽放。他用笔画莲，用莲画自己，像一条鱼以这种方式戏于自己的莲之间。青莲的莲心仍旧泛着千年不散的酒香，一片片花瓣慢慢绽开，不为任何人，甚至不为自己，只是那样静静地开着。正如第一朵莲花的盛开——无人注意，却好像超出了这个世界。

脱下红裙裹鸭子的少女，头盖莲叶却忘了莲花的男孩，就像在时间之莲上滴溜溜打转儿的水珠，像蝌蚪终日戏于莲叶之间，也沾染上了莲的韵味。莲点燃火焰，却点燃不了自己的心，莲花既冷且热，正如天地初开时的混沌。

通篇几乎无一句无来历（都源自课堂上讲到过的内容），却随手写来，自然而然，了无痕迹。她最后说：

千年来的一切，都被写在了莲上。而这一切，又被熬进了一碗莲叶粥中。

这碗莲叶粥是诗人邵燕祥少年时吃过，并念念不忘的。

想起三年前你们初来国语书塾，那时候你们下笔无神，笔下流出的文字真的没有声音、色彩、气味，许多童子甚至每个句子都是不通的。时间终将教你们明白，你们没有辜负时间，也没有辜负种子，种子的信仰如此确定，你们等到了自己的时间，生成了自己的时间。

其次，我想说——国语有路。所谓读万卷书，行万里路，是不能割裂开来的，20世纪十分重要的科学家、教育家竺可桢先生写过一篇《旅行是最好的教育》，在他之前英国哲学家培根也有类似的说法。

国语书塾从一开始就重视行万里路，还曾给部分童子、家长颁发过"行万里路奖学券"。2017年11月，我们与富春江对话的课堂就在桐庐富春江畔的桐君山和严子陵钓台，你们在山水之间的兴奋和激动，我至今难忘。从那时以来，三年间，我们循着"寻找中国之美"这条线，先后到兰亭、绍兴、北京、南京、上虞白马湖、无锡、西安、嘉兴、海宁、雁荡山等地，《寻找中国之美：少年双城记（北京、南京篇）》已于今年4月问世，其他几本也将陆续出版。我们的"寻找世界之美"系列从希腊、意大利到法国、比利时、荷兰、德国一路走来，已定下行程的葡萄牙西班牙之行因突发的疫情而中断，计划中的英国之行也暂时不能启动。

最初跟随我一起行万里路的童子赵馨悦、冯彦臻、刘艺婷、李益帆、黄若瑜、李点乐、付润石、刘尚钊、罗程梦婕、黄云翀、金恬欣、曾子齐、汪语桐……翻开你们在游学途中留下的习作，令我感慨不已，你们用脚步丈量世界的同时，对世界的理解也渐渐加深。希腊归来，冯彦臻在《希腊组曲》中写过这样一番话："我猜蓝色的爱琴海是动的，表面上看上去波澜不惊，其实爱琴海就如同神们的游乐场，热闹非凡。但水中的秘密只有鱼儿们知道，我并不知道蓝色水中的秘密。"在荷兰，我们一起读《安妮日记》，刘艺婷的习作《我叫吉蒂》，以日记本的口吻，讲述安妮在那间不见天日的密室里的梦想与希望。德国游学途中，金恬欣在席勒的花园房子课后，写了一篇《席勒的彩虹圈》，席勒的人生也如彩虹，"他画了一个圈，圈进了七彩，圈进了世界历史，也圈进了席勒永不枯竭的灵感。"在意大利佛罗伦萨的芬奇小镇，付润石第一次突破了自己，写出了一篇八百多字的《寻找》，托斯卡纳的阳光和蓝天，橄榄的清香，百合花一样的空气，将他带到四百多年前达·芬奇的时代，他在小镇的钟声中仿佛遇见了少年达·芬奇。意大利文艺复兴之旅成为他成长的关键。等到去年8月德国游学归来，他写出了洋洋洒洒、四千五百多字的《德意志如是说》。

今年夏天，我们在绍兴上过"与故乡对话"一课，在读鲁迅的《故乡》时，我说了一句，也许在少年鲁迅的心中，少年闰土就是他未曾到达的远方。我们还读了胡兰成《今生今世》中节选的一段文字："又有经商的亲友……他们是来去杭州上海路过胡村，进来望望我们，这样的人客来时，是外面的天下世界也都来到堂前了。"金恬欣当场完成的习作《黑白片》就有这样一番话：

> 黑白电影模糊的镜头中，似乎还有一个有些质朴的乡下男孩，他叫闰土。闰土实在是一个见识多广的人，他见过海边的贝壳，守护过西瓜。在儿时鲁迅先生的眼里，闰土就是未曾到达过的远方，他来了就是外面的天下世界都到堂前了。

这就是好的母语，从不同的地方借来的两句话化成了她自己的。

在"与鲁迅对话"课上，我们读了画家吴冠中的短文《鲁迅故乡》，其中说江南的小桥流水人家："小桥——大弧线，流水——长长的细曲线，人家——黑与白的块面。"又读了另一位画家陈丹青的讲演稿《笑谈大先生》，其中说鲁迅的样子好看。"这张脸非常不买账，又非常无所谓，非常酷，又非常慈悲，看上去一脸的清苦、刚直、坦然，骨子里却透着风流与俏皮……"

何牧真的课堂习作《故乡》有一个奇妙的结尾：

> 在一个江南水乡，弧线、曲线和黑白的块面交错、变化，变为一张脸，刚直、清苦、坦然。

她几乎天衣无缝地将吴冠中关于绍兴和陈丹青关于鲁迅的两个描述融合在了一起。弧线、曲线和黑白的块面，她是借来的，刚直、清苦、坦然，她也是借来的。但借得恰到好处，就是好。

今天 7 月底，在雁荡山游学的第一课是《文言雁荡与白话雁荡》，赵馨悦的习作《荡石》这样开篇：

> 不论是《红楼梦》中那块宝玉，还是担中玩具，这块石头仍在荡漾。从玉清宫的木纹中开始，时间从宋代开始。

最后说：

> 在每块石头中可以长出羽毛，荡来，是文言，荡去，

是白话。

　　雁荡山，风流的雁荡石不穿衣服，但个个都触着每寸光阴成了黄金。雁荡山，荡了千年的美，开在杜鹃花中。雁荡山好美，身在其中我不复存在。

　　这样的母语不是天上掉下来的，是从国语书塾的课堂上，从万里路上慢慢长出来的。赵馨悦来国语书塾两年后才开始爆发，真正开始大胆想象，小心落笔，她从李白的"雪花大如手""燕山雪花大如席"得到启发，却写出了更为大胆的"雪花大如地球"。

　　这样的例子举不胜举，三年来，种子就是这样在你们的生命中发芽，然后从你们心中流出的不再是机械、呆板、无趣的母语，而是鲜活的、生气勃勃的母语，即使还很稚嫩，却不再庸俗。

　　最后，我要说的是——国语有戏，不仅是与角色相遇，在不同的角色中每个人将遇见自己，自己身上的可能性，这种力量一旦被激发出来将是神奇的。

　　国语书塾自开班以来就十分重视戏剧表演，每次游学都会选择一部戏剧作品，让你们到相关的历史人文现场演绎，2018年2月的希腊之行，在三千年前建造的圆形大剧场朗诵埃斯库罗斯的普罗米修斯独白，只是一个开始。8月的意大利之行，在威尼斯演绎莎士比亚的《威尼斯商人》第四幕，李点乐扮演鲍西亚，付润石扮演夏洛克。9月的北京之行，在老北大红楼演绎沙叶新的《幸遇先生蔡》第二幕和第五幕第六场，付润石扮演蔡元培，冯彦臻扮演傅斯年，金恬欣扮演辜鸿铭，曾子齐扮演黄侃，王旖旎扮演燕瑞博。冯彦臻就是从扮演傅斯年开始突破了自己，在《寻找中国之美：少年双城记》的新书发布会上，他曾分享过自己的心路。

10月7日，国语书塾一周年的分享会上，童子们在杭州儿童图书馆的舞台上又将《威尼斯商人》和《幸遇先生蔡》自导自演了一遍，受到来宾、家长和观众的好评。12月的南京寻梦之旅，又演绎了《桃花扇·余韵》。

这年寒假，我们专门邀请致力于大学校园戏剧三十多年的黄岳杰教授开了戏剧表演选修课，排练比利时作家梅特林克的《青鸟》第三幕第四场《夜之宫》，在随后的法国、比利时、荷兰之行中，我们专程去了梅特林克的故乡根特，在梅特林克博物馆演绎了《青鸟》，曾子齐演的夜夫人，解芷淇演的猫，李益帆演的狗，都活灵活现。黄岳杰教授还在雁荡山给部分童子排练过《被缚的普罗米修斯》，四年级的袁子煊就是这一次脱颖而出，将普罗米修斯的独白演绎得有声有色。

2019年春天，国语书塾请黄岳杰教授开了"朗诵与表演"必修课，内容涵盖哈姆雷特、李尔王、浮士德、普罗米修斯的经典独白等。

2019年5月的无锡行，在顾毓琇故居演绎顾毓琇的剧本《岳飞》第四幕，冯彦臻、袁子煊、陈禹含三个挑战岳飞这个角色。7月到西安，演绎的是顾毓琇的剧本《荆轲》第四幕，冯彦臻、金恬欣演荆轲，章宗杰挑战秦王的角色，演得有模有样。演稀奇子的叶悠然，台词不多，却演得有板有眼，从此脱颖而出。8月的德国之行，在魏玛演绎《浮士德》，付润石、袁子煊、冯彦臻等挑战浮士德这个角色，金恬欣、李点乐等挑战靡菲斯托这个角色，曾子齐等演忧愁，歌德的作品从此进入你们的生命中。10月的嘉兴之行，在翻译家朱生豪故居的庭院里，你们演绎了《哈姆雷特》。10月7日，在国语书塾两周年分享会上，你们又将《浮士德》《青鸟》《荆轲》演绎了一遍。12月国语书塾的秋季休业式以"像云一样思想"为主题，童子们演绎了阿里斯托芬的喜剧《云》，袁子煊从上海赶来，出演苏格拉底，曾子齐、刘艺婷、冯彦臻等都参加了演出。

2020年1月，黄岳杰教授开了一期"朗诵与表演"

选修课,给部分童子初步排练了沙叶新的《耶稣·孔子·披头士列侬》第一幕。7月,国语书塾绍兴之行,童子们去了蔡元培故居,再次演绎《幸遇先生蔡》,许多童子脱颖而出。

三年来,我看着孩子在戏剧表演不断地突破自己,不仅收获了自信,还是母语学习的一个重要途径。

国语有种,国语有路,国语有戏,三年的儿童母语教育实验,让我和这个时代的儿童有了真实的生命连接,这是我在五十岁之后的选择。我把这个小小的实验概括为"三百千万"四个字(三年百课千人万里),如今第一批来国语书塾的童子,已顺利完成第一阶段的学习,达到了预期的目标,后来的童子也正在成长之中。我又一次想起胡适先生喜欢的这句话:要怎么收获,先那么栽!相信时间会见证一切,你们已经生成或正在生成的时间,不会被风吹走,而会留在生命当中。

2020 年 10 月 7 日国语书塾童子班三周年致辞

一山一湖一江归于一书塾

人的一生就是一个不断回望故乡的过程。

我的故乡在雁荡。

"温州雁荡山，天下奇秀。"自 1074 年杭州人沈括写下这句话，近千年过去了，雁荡山走来的那个少年也在杭州住了近二十七年。多少的世变沧桑，风雨如晦，水深浪阔，那个少年早已不再是少年。

我从雁荡山到了西子湖。

我曾说，我生命中有一山一湖一江，山是雁荡，湖是西湖，江是富春江——那是我妻子的故乡，也是我去过上百次的地方，我少年时代迷恋的作家郁达夫就在富春江边长大。大家都记得吴均的那封信："风烟俱净，天山共色，从流飘荡，任意东西，自富阳至桐庐一百许里，奇山异水，天下独绝。"从天下奇秀到富春江的天下独绝的奇山异水，穿过了我的童年、少年和青年，我1993年第一次看到富春江。

我从小在雁荡山向往富春江，因为有吴均写下的母语。我在雁荡山向往西子湖，因为有白居易、苏东坡、张岱写下的母语……从谢灵运以来，一千五百多年了，母语的江河一直滋润着雁荡山。特别是1074年那个春天，当杭州人沈括写下《雁荡山》。

我从雁荡到杭州二十多年后，在我五十之年，突发奇想，选择了余生的事业——寻找童子六七人一起读世界，付润石、赵馨悦、冯彦臻、刘艺婷、李益帆……就是最早来到国语书塾的童子六七人，"国语书塾"是我的书屋名字。

将近三年三个月过去了，一千多个日日夜夜，这是我一生中最快乐的日子，虽然非常辛苦，特别是带童子们去国外(希腊、意大利、法国、比利时、荷兰、德国……)、国内（北京、西安、南京、无锡、海宁、绍兴……）的许多地方游学，长途跋涉尤其艰辛。但童子们在读万卷书同时，行万里路，收获巨大，今年出版的"寻找中国之美"系列可以证明。三年来，每年一本的习作选可以证明，即将问世的"与世界对话"课堂实录可以证明。我不后悔这个好低骛远的选择，这是一个人往低处走的选择，低调理想主义的选择。我当然也带童子们到过雁荡山，马上又要去富春江，还开过西湖走读课和西湖游学课，《少年西湖记》也将成书。

从故乡到异乡，在异乡住得越久，对故乡的回忆就越变得清晰。

《开门见山》是我童年、少年的记忆，是我二十岁以前的山中岁月。有人说，山中岁月无古今。我说，山中岁月亦古亦今，可古可今。

我的故乡雁荡山有石头，也有母语，沈括、李孝光、徐霞客、方苞、林纾、蔡元培他们用母语写出了一个文言雁荡，郁达夫、萧乾、胡兰成、余光中他们用母语写出了一个白话雁荡。在这个意义上，我的故乡与其说是雁荡，还不如说是母语。雁荡是我肉身的故乡，而我精神上的故乡，就是童年、少年以来建立起来的母语世界。

今年夏天，我在雁荡山给童子们上的第一课就是《文言雁荡与白话雁荡》。少年赵馨悦当场写出的习作说"文言是黑的，白话是白的"，"荡来，是文言，荡去，是白话"。我生在一个白话的时代，少年时也吸收过文言的甘露。

滋养我生命的不仅是雁荡山亘古不变的石头，千年万年的"流水账"和"流水账"（也出自赵馨悦写大龙湫的习作），还有几千年来涌流不断的母语，离开了活水的源头，我的生命就会很快枯干。

我经常说，我是石头和石头中间长出来的，我也是一块石头。这不是玩笑。在西湖客居数十年，我依然成不了西湖边的杨柳或法国梧桐。我是石头，是数十万年前造山运动中遗留下来的一块石头。生命是偶然的，故乡不是我们的选择，而是我们身不由己生来就拥有的地方，它给予我们的不仅是地理上的空间，更是时间和记忆的凝结。故乡埋藏着我的童年和少年。捷克作家昆德拉说，人的一生注定扎根于前十年中。我很相信这句话。

童年才有可能生长出一种植物性的力量。

我这一生上天入地，求问宇宙人生的秘密，最终回到了儿童、母语和教育，就是儿童母语教育。国语书塾做什么？就是做以母语为中心的儿童教育。

我的一山一湖一江最后归于一书塾。这是我们夫妻共同拥有的书塾。我上课，她帮忙。我们比朱生豪和宋清如有幸，"你译莎，我做饭"，六个字，惊心动魄，百年佳话，但是他们生活在一起的时间太短太短了（从1942年5月1日到1944年12月26日，不足两年八个月）。

　　从地理上说，我们夫妻相识近三十二年，结婚二十七年，最终没有在华夏大地找到一个可以隐居的桃花岛，只拥有一个抵抗时间横逆的襄阳城，这个"城"当然不是地理意义上的，而是文化意义上的，那就是我们母语，从根本上说，母语才是我们永恒的故乡。我也想将最宝贵、凝聚着我毕生读书、思考的母语传递给这个时代的童子六七人。他们生于21世纪，一个精神上高度匮乏、培训班空前泛滥的时代。

　　国语书塾想守护的是纯正母语，就是没有被污染的、干干净净的母语，它是世世代代积累起来、与过去的时间连接在一起的母语。

　　在我心中，纯正的母语就是数千年来我们一代又一代最有智慧、最有才华并且最具有表达能力的人，通过自己的努力，不断地累积起来的一种独特的汉语表达方式。从《诗经》《论语》《老子》《庄子》《楚辞》一路走来，穿过《古诗十九首》、陶渊明、唐诗宋词元曲，穿过四大古典小说，穿过鲁迅胡适，穿过沈从文张爱玲，穿过王鼎钧齐邦媛，一直穿过我，穿过今天在场的朋友们、童子们。

　　我觉得这条脉络首先是时间的脉络。纯正母语从哪里来？我的答案是从时间中来，它是几千年来一步一步建立起来的，中国人对自己所使用的语言的信心，对自己语言的理解，对自己语言独特的一种表达。这是一条活水的江河，滔滔不绝，从古代一直流到现代，还将继续流下去。

刚才童子们背诵的经典名篇，从王勃、白居易到沈括，我们可以感受到母语的活水江河就是这样从腹中流出来的。一个星期前，温州一位六年级的童子陈天悦告诉我，她背下了《太史公自序》，更早，我们中间一位五年级的童子李了已经背下了这篇长文。太史公司马迁是史学正宗，也是堂堂正正的母语正宗，鲁迅说《史记》是史家之绝唱、无韵之离骚。他毕生念兹在兹的追求是"究天人之际，通古今之变，成一家之言"，他做到了，在母语的时空中，他永远骄傲地站在那里，只要文明在，母语在，司马迁就在。他的母语滋养了中国两千多年，还将继续滋养一代代的中国孩子。

开门见山，我从小生在雁荡，真正是开门见山。但雁荡是大海中浮起来的一座山，与大海同样近在咫尺。开门也可见海。仁者乐山，智者乐水，山好，水也好，有山有水，此生足矣。《见门见山》写的是我在石头世界里荒凉寂寞的童年少年时代，但因为有了书，一切都可以化无为有，从坐山观天到坐天观山，最难的是从零到一的突破。现在我正在见证无数童子的童年和少年时代，你们生下来就拥有西湖，那是我少年时所神往的，我十三岁那年甚至想步行来西湖看看，结果走了两天也只走到台州，直到十七岁才第一次看到西湖。你们比我幸运，但我也不羡慕你们，因为我生下来就拥有一座山，三十岁之前已拥有一山一湖一江，为雁荡我写了《开门见山》，为西湖我写了一本书《从龚自珍到司徒雷登》，未来我还要跟童子们一起写一部《少年石头记》《少年西湖记》《少年富春江》，从一山一湖一江到一书塾，我很快乐，几乎是庄子所说的鱼那样的快乐。我喜欢《论语》中孔夫子喟然叹曰"吾与点也"那一段——

　　莫春者，春服既成，冠者五六人，童子六七人，浴乎沂，风乎舞雩，咏而归。

　　二千五百多年前的话，母语中的经典段落常常激励我。愿我们被母语点亮，守护母语，那是我们不变的故乡。

　　　　　　　　　　　　　2020 年 12 月 27 日在晓风书屋的讲话

做一朵母语的云

我是天空里的一片云，
偶尔投影在你的波心——
你不必讶异，
更无须欢喜——
在转瞬间消灭了踪影。

你我相逢在黑夜的海上，
你有你的，我有我的，方向；
你记得也好，
最好你忘掉，

在这交会时互放的光亮！

——徐志摩《偶然》

　　国语书塾，是我五十岁之后的无心插柳，但它只要能够做到和孩子们彼此成全、互放光亮，这个"柳"，就能成为西子湖畔的杨柳，骄傲地站着。教育是什么？一言以蔽之，就是彼此成全，互放光亮，这八个字，重若千钧。

　　我把我的教育理想先概括成四个说法。第一，让每一个孩子从有中生有逐渐变成具有无中生有能力的人；第二，让每一个孩子从坐井观天变为坐天观井的人；第三，成为一个化空间为时间的人。当我们站在滑铁卢的废墟上，我们看见的不仅仅是那片草地，而是拿破仑被打败的那一年。骄傲的拿破仑、不可一世的拿破仑，在1815年被打败了。第四，成为一个化时间为空间的人。此刻，当我们站在2022年10月6日，我们可以想起古往今来的无数人物，从王国维、梁启超到泰戈尔、托尔斯泰、福泽谕吉。这里出现了中国，出现了印度，出现了俄国，出现了日本。原来时空是可以相互转化的，化时间为空间。一切也都可以相互转化。死的也是活的，活的也是死的，有的人活着，他早已经死了，有的人死了，他永远活着，如同孔夫子，二千五百多年了，孔夫子仍活在我们的象形文字里，活在中国人的心灵里。

西子湖畔，众多有拿云之志的国语童子正在向上生长、向下扎根，"向下扎根"更为重要。

我是谁？我是雁荡山的一块石头，石头的梦想不是开花，而是让每个童子站在它的肩膀上，看见天空高远、海洋辽阔……从低处入手，高处着眼，就是好低骛高、骛远，低可以低到尘埃，脚踏实地；高可以高到云端，成为一朵云，一朵母语的云……这是我的梦想，也是我对童子们的期待。

我的故乡在雁荡山的谢公岭，传说中谢灵运掉了一只谢公屐的地方。"山中何所有，岭上多白云。"雁荡山上多白云，我是吸着云气长大的小孩，我的身上有云的气息。

如果我想要送你们什么礼物，我一般赠两样礼物，第一样是看得见的一块石头——来自雁荡山的石头；第二样是看不见的一朵白云，你能不能接得住，我不知道，云无形，然而付润石接住了，赵馨悦接住了，张禾接住了，袁子煊接住了，陈天悦接住了。你们带着雁荡山的云，可以行走万里。悠然见白云，不是悠然见南山。因为白云你看不见，你看见了南山。

寻找人之为人的美学基础和伦理基础

我儿时特别喜欢一副对联,其中有一句"踏天磨刀割紫云"。这副对联在故乡雁荡山的一个山洞里,我从小便看到了,却不知是何人所写。后来读李贺诗集,才知是他所写,他还写过"黑云压城城欲摧",高适写过"千里黄云白日曛",李白写过"朝辞白帝彩云间"。黑云白云都是云,黄云彩云也是云,可我最喜欢的还是儿时看见的"紫云"。

各位看见上面这幅照片,照片上有什么?这张照片

上有云——层积云。我见过爱琴海的云、圣托里尼岛上早晨的云、斯宾诺莎故乡黄昏的云；苍南的云，天空红得像马赛曲，红到了北京紫禁城……天空之城的云、翡冷翠的云、巴黎埃菲尔铁塔的云、凯旋门的云……故乡的云，异乡的云，都是云，我们也是天空中的一片云。

1726 年，斯威夫特写下了伟大的小说《格列佛游记》，其中描述了一个拉普他的巨大飞岛，岛上的居民可以用磁悬浮的方式来移动。毫无疑问，斯威夫特的灵感就源于一片类似这种固体般的层积云。云啊，我羡慕你。

唐代有个小名不鼎鼎的诗人于武陵写过一首《孤云》，"有云心更闲"，有云的人多美，多幸福。

做一朵母语的云，是从什么样的云开始的？"嫩云"这个词不是我创造的，也不是木心创造的，而是由同样一个小名不鼎鼎的唐代诗人姚合创造的。"嫩云轻似絮，新草细如毛。"他的诗一出现，便让我惊艳。

云，分嫩云、老云，国语童子们，你们就是嫩云——母语天空的嫩云。我呢？我是一朵老云，但不是一朵死去的云，我是一朵活着的云。

什么叫活着？活着不是坐吃等死，而是以肉身存在的方式继续扩展精神生命。即使肉身消失，精神也不会消亡，这是人的意义和价值所在。

教育是什么？教育就是确认人的意义和价值，而不是迎合本能的需要。教育不仅是要寻找人之为人的伦理基础，这是孔夫子做的；教育，更要寻找人之为人的美学基础，这是我做的。当然孔夫子也喜欢美，"童子六七人"讲的就是美。"浴乎沂，风乎舞雩，咏而归。"夫子喟然叹曰："吾与点也！"王国维说这是孔夫子的美育主义。但是，孔夫子更多的时候在讲"仁者，人也"，教人成为一个君子。

更重要的是教育要找到人之为人的美学基础，然后再找到人之所以为人的伦理基础。人之为人有两大基础——即美学基础和伦理基础。

我想告诉各位，国语书塾有三个教育理想，第一个是树的理想，"向下扎根，向上生长"。所以，我很喜欢这本《英伦寻树记》，把英国最好的树都拍下来了。第二本书叫《树的艺术史》。

有一幅日本浮世绘的画集中了两样元素：树和云。

国语书塾的第二个教育理想便是云的理想。痖弦的诗说："今天的云抄袭昨天的云。" 他又说"为生存而生存，为看云而看云"，把人类分成了看云派和生存派。我将它改为"今天的云不抄袭昨天的云"。我说人要像云一样的思想，做一朵母语的云。尼采曾写过一首好诗——

谁终将点燃闪电，必长久如云漂泊。

只有长久如云漂泊的人最终能点燃闪电。做一朵云吧，所有的孩子，一朵云将来能点燃闪电。

云是什么？中国作家王鼎钧告诉我们，云就是想象。1987 年诺贝尔文学奖获得者布罗茨基曾写过一首《云》，"除了风，再没有，能计算你们的几何学家"，云可以进入天堂的正门，而不是侧门。法国人道主义作家雨果在《悲惨世界》里写道："一片反常的云穿过天空，足以推翻一个世界。"

拿破仑就是被这朵云打败的，因为那朵云带来了一场雨，这场雨让草地湿了，他的炮兵优势丧失了，矮个子的拿破仑走到了他人生的滑铁卢。有时候就是这么简单，一朵云穿过天空，就足以翻转一个世界。

世界上有无数的画家喜欢画云，日本画家葛饰北斋笔下有富士山的云，西班牙画家达利笔下有奇异的云。

原来英文的"云"是从古英语"石头"这个词里变过来的。云就是石头。我看过一幅照片，在法国小镇上，云和那些石头在一起，如此自在，如此自然，如此骄傲。

我是石头，成为一朵母语的云，就是成为一块母语的石头。诺贝尔文学奖获得者、波兰女诗人辛波斯卡说："没有一块石头或一朵石头之上的云是寻常的。"庄子说"天地有大美而不言"，我故乡的家门口就有这么美的石头和这么美的云。

国语书塾的第三个教育理想就是石头的理想。法国诗人阿兰·博斯凯送给我们一句美好的诗："成为石头是一种幸福。"我小时候家门口的那块石头，如今成了国语童子们胸前塾徽上的石头。

国语书塾从来不是一块"金"字招牌，而是一块石头招牌，如同那块巨大的石头。但石头也可以打磨为玉。国语书塾也是一块"玉"字招牌，这是"国"中的"玉"，也就是你们——国语书塾的童子们，愿你们如云，如玉，中国的玉。

2022 年 10 月国语书塾五周年分享会上的讲话
根据录音整理

"想象的共同体"：国语书塾六年了

改了一天的书稿，黄昏，窗外漫天都是云团，我经不住诱惑，晚饭前就出去散步、看云。想起去年今日，众师友聚在杭州，一起庆贺国语书塾五周年，主题就是《做一朵母语的云》。那个下午，我在童子们玻璃般脆亮的童音中，感受着年华的消逝，不可抗拒的消逝。

六年前，我还在五十之年，临时起意，开始了我的儿童母语教育实验，也可以说重新回到了三十六年前熟悉的讲台。那年我二十岁，在故乡的一个乡村中学开始了短暂却一生难忘的教师生涯。人生又有几个三十六年？在持续努力了近二十年的读史写作之后，过去的六年，我的主要精力几乎都放在了"与世界对话"一百课的构

建，以及与孩子们一起行万里路上了。这是我生命中的
插曲，虽只是无心插柳，却耗费了我极为重要的六年。
当我看到一个个孩子长成一棵树的样子，我感到欣慰，
也许课童比我著书的事业更为宝贵。因为在孩子们的眼
睛中，我已看见更辽阔的未来，纯正的母语将成为他们
与这个世界对话的第一个支点。

又是一年的 10 月 7 日，我远在东京，国语书塾六
周年没能和孩子们在一起过。好在离开杭州前，为欢送
付润石、刘艺婷上大学，我们举办了一场小型的分享会。
傅阳在九分钟的寄语中说了一番令我惊喜的话：

> 国语书塾不是一个既定的共同体，而是一个想象
> 的共同体。它不是那几张看得见的书桌、投影仪或那块
> 牌匾。它可以是天空之城的那一课，甚至是天空之城上
> 面的云，敦煌鸣沙山的沙子。它是一个想象的共同体，
> 是孩子们关于国语书塾的所有记忆共同组成的，并且是
> 大家离开国语书塾之后，仍然可以不断重新建构的心中
> 的那一个国语书塾。它是一个想象的共同体，也是一个
> 想象的共和国，是给孩子们插上想象翅膀的那一个共和
> 国。

　　六年来，其实我一直在寻找国语书塾的确切定位，"想象的共同体"或"想象的共和国"无疑是恰当的。四年前，我和孩子们先后到法国、德国游学，在雨果的故居我给他们讲过"思想共和国"，在席勒的花园房子我给他们讲过"审美共和国"，却没有想到来定位国语书塾。傅阳的几句话让我豁然开朗，国语书塾其实是个桃花源，只是在地上插了几枝桃花而已，不是一个实体，不是学校，也不是机构，是我个人五十岁之后和孩子们的生命连接，是在精神空间中的连接，通过母语的纽带，以古今中外的经典文本为媒介建立起来的，是像云一样抓不住，却又实实在在存在于天地之间的一个精神家园。我在孩子们心中播下母语的种子，用心血去浇灌，却要靠他们自身渐渐长成不同的样子，是不是参天大树，会不会果实累累，取决于很多的因素，外在的和内在的。我只是让他们相聚在一个"想象的共同体"或"想象的共和国"中，彼此碰撞，彼此对话，不仅与看得见的今人，也与看不见的古人。只要有传世的文本在，文明的活水就在汩汩流淌。一个个已逝的生命也都活在文明史中。

　　前几天，我写了一篇小文《通过教育确立人的价值》，我喜欢英国哲学家波普尔的一个题目《通过知识获得解放》。在互联网的时代，现成的知识已变得没那么重要，比知识更重要的是审美，是想象，是思接千载、神游八荒。比壁垒森严的学科更宝贵的是人之为人的根基，无论是国语书塾的核心课程《与世界对话》，黄岳杰教授的戏剧和朗诵课，景凯旋教授、闻中教授的唐诗或泰戈尔的诗，王小庆先生的英文诗歌朗诵等选修课，傅阳的重读儿童经典作品课……都指向以母语为支点的人文教育，这些课程的目的都是要建造一个人的精神世界，而不是从工具的角度切入。教育本来就是为了寻求人的价值，并确立亘古不变的价值，着眼的不是技术层面。

在一个纷纷扰扰、应试压倒一切的时代，这一选择本身就是小众的，甚至是小小众的，不是千万人趋之若鹜的康庄大道。我相信"好低骛远"，从低处入手，却从高处、远处着眼，六年的时间太短了，我不敢说我的实验已取得了多大的成果，但我清清楚楚地看到了孩子生命中藏着无限的可能性，我不知道他们将来成为什么样子，但我知道朝着正确的方向走去，又有什么可以担忧的？

在即将问世的由我和国语书塾孩子们共同完成的《童课：与世界对话》第三辑的前言，我写下了这样一番话：

　　课堂的生命在于呼应，人与世界的呼应，人与人的呼应，不仅是老师与孩子的呼应，更重要的是老师、孩子和古今中外的作者之间的遥相呼应，这种呼应打破了一切空间的界限、时间的界限……在这里，羲和敲日玻璃声和孩子们玻璃般脆亮的童音相互呼应，相互激荡。课堂就是在一个开放的审美空间里打开一种无限的可能性，每个孩子慢慢地在这个审美空间中成为自己的主人，不仅拥有审美力，而且获得想象力。

想象的共同体也是这样慢慢形成的。六年，仅仅是一个起点。我想起景凯旋教授送给朋友的新年祝词，是德国哲学家尼采的一句话："每一个不曾起舞的日子，都是对生命的辜负。"这六年，我没有辜负生命，因为国语书塾，因为和孩子们在一起。

2023 年 10 月 7 日

我从平常中看到了神奇

　　智慧的永恒标志就是从平常中看到神奇。一天是什么？一年是什么？夏天是什么？如果我们处于盲目状态的话，那么这一切似乎对人都是漠然的。我们创造出寓言，将事物的直接性掩去，让它与心灵的最高规律相适应。然而，一旦某一理念之光照临某一事实，俗丽的寓言就开始枯萎凋零。我们看到了真正的高层次的规律。因此，对一个智慧的人来说，一个事实就是一首真正的诗，就是一面最美的山形墙。

　　早上，我一打开爱默生的《自然沉思录》就撞到了这段话，我被"从平常中看到神奇"这句话抓了过去。

过去的七年，对我来说，无疑是平平常常的七年，没有什么惊心动魄的故事，我却在平常中看到了神奇，因为这七年我和国语书塾的孩子们在一起，看见他们一天天、一年年发生的变化，这个过程常常让我充满欢喜和惊奇。

前些日子，有个记者问我："国语书塾在实践过程中达到或者超出您的预期了吗？"我回答：国语书塾是一个全新的尝试，前人未曾这样做过，没有可以参照的现成经验，我最初并不知道会有怎样的收获。但我确信，一个人在童年、少年时代就能与古今中外最好的文本相遇，在人文现场与历史上的贤哲相遇，一定会产生意想不到的效果。事实上，七年不到的实践，孩子们在各方面的变化已大大超过我的预期，他们笔下的文字有声有色有味有光，他们的思想已吸纳人类文明已有的成果，并能用自己的语言表达自己的理解。

七年前，我和"童子六七人"开始与世界对话，这是一个小小的人文教育实验，以母语为支点，我们迈出了最初的一步。我们的课堂从来都不是以知识点为中心，而是致力于启发孩子的想象力，不寻求标准答案，只看重审美标准。我们的每一课都有对话的对象，小到一片树叶、一只蚂蚁、一种花、一条鱼，大到日月星辰，每一课都是一个世界，我会事先选编一两万字的同主题文本，涵盖古今中外不同文体、不同类型的作品，孩子们会提前阅读。课堂上，我和孩子们的问对，只是要穿针引线，一起织一张审美的网，而不是知识的网。这不是封闭的网，而是开放的、指向无限可能性的网。这张网不是要限制孩子们的心灵，恰恰相反，是要让他们突破任何框框，进入无拘无束的自由想象状态。

我将这个课程叫做"与世界对话"，目的就是让孩子们从固化的思维方式中逐渐解放出来，能用自己的语言与世界对话，从而找到真实的自己。我思故我在，我爱故我在，我想象故我在。我很喜欢一个诗人的说法："幸福在于获得一个自由的感觉——写鸟便获得飞翔的快乐，写花便获得生长的快乐……"孩子们一旦获得这样一种自由的感觉，他们与眼前这个世界就建立起了一种生命的连接，天地万物都不再与己无关，而是有了一种没有任何力量可以夺去的精神联系。这种联系是跨学科的，学校教育过度地关注分科，不同的学科之间常常壁垒森严，其实每个学科都是相通的，在一切学科之上是一个个要独自面对世界的人，是一颗颗敏感的心灵。

通过学习，我们到底要成为怎样的人？爱默生的这番话说得真好——

这样的话，我们就逐渐达到了以一种新眼光看世界的境界。对于心智无休止的种种诘问——什么是真？什么是情感的真？——什么是善？世界将通过让自身听命于教化过的"意志"而给出答案。这时，我们就听到了我前面提到过的那位诗人的话："自然不是固定不动，而是流动不居的。精神改变着它，浇铸着它，制造着它。自然的板滞和粗糙只表示观看它的人的精神的匮乏。对纯洁的精神来说，它是流变的，飘忽而顺从的。每一个精神都为自己建起一座房子，房子之外建起一个世界，世界之外建起一个天国。那时你才知道世界是为你而存在的，因为你是一个完美的现象。我们是什么，我们就只能看见什么。"

七年来，我看见国语书塾的一个个孩子慢慢地建立起了自己的精神世界。去年夏天，一批孩子相聚在浙江最南部的海滨小镇霞关，七年前来国语书塾的付润石、张禾在海边的一块巨石上用绿颜料写下西班牙诗人洛尔迦的诗句"绿啊我多希望你绿"，用蓝颜料写下"船在海上　马在山中"。今年夏天，我们在西班牙游学途中，在巴塞罗那与洛尔迦对话时，我提起了这块石头。在场的叶悠然、陈天悦告诉了不在场的张禾，她们去年曾一起在霞关相聚。第二天,张禾给我来信说,海边的石头上,绿色只能看到淡淡的字迹,蓝色也缺了一些笔画,"虽然挺伤心的,但我感觉其中有一种意味:那就是绿色回归了树林,蓝色回归了海洋,洛尔迦的诗则被叶悠然她们带回了西班牙,这正是我们在霞关所希望种下的种子。"

一句简简单单的诗,曾被他们写在海边的石头上,在时间和风雨中仅仅一年就褪色了,这个看似微不足道的举动呈现的是孩子们的精神生活,他们不再被试卷、作业和日常琐事所限制,他们有自己更辽阔、更高远的世界,这个世界可以不受时间和空间的约束。精神的力量才是真正的力量,是从生命深处长出来的。我们是什么,我们就能看见什么。离开了这种精神力量,我们将很难设想人之所以为人。

过去的七年,我几乎把有限的生命消耗在了国语书塾这个小小的实验中。

将近七年前,我完成《新学记:中国现代教育起源八讲》,曾在后记中写下:"我想起泰戈尔的话,我们生命中也有有限的一面,那就是我们每前进一步都在消耗自我;但我们的生命中还有无限的一面,那就是我们的抱负、欢乐和献身精神。……教育归根到底就是要发展人类生命中无限的一面，……如果离开了这无限的一面，教育便只是机械的、呆板的、死的，我向往活的教育，无限可能性的教育。"

写下这些文字时，国语书塾还刚刚开始，对于未来，我只有憧憬，只有想象。如今，我已从平常中看见神奇，我相信爱默生说的："一旦精神遍泽世界，世界万物也将发动一场相应的革命来回报精神的恩泽。"

为国语书塾七周年而写

2024 年 10 月 6 日

附录

国语书塾 2017 年秋季课表

第 一 课　　2017 年 10 月 7 日　　与"天下第一潮"对话

第 二 课　　2017 年 10 月 14 日　　与桂花对话

第 三 课　　2017 年 10 月 21 日　　与桂花对话之二

第 四 课　　2017 年 10 月 28 日　　与月亮对话

第 五 课　　2017 年 11 月 5 日　　与西湖对话

第 六 课　　2017 年 11 月 12 日　　与富春江对话

第 七 课　　2017 年 11 月 19 日　　与秋天对话

第 八 课　　2017 年 11 月 26 日　　与剑桥对话

第 九 课　　2017 年 12 月 3 日　　与梧桐对话

第 十 课　　2017 年 12 月 10 日　　与少年胡适们对话

第十一课　　2017 年 12 月 24 日　　与圣诞老人对话

国语书塾 2018 年春季课表

第 一 课　　2018 年 3 月 10 日　　　　与梅花对话

第 二 课　　2018 年 3 月 17 日　　　　与梅花对话之二

第 三 课　　2018 年 3 月 24 日　　　　与桃花对话

第 四 课　　2018 年 3 月 31 日　　　　与杨柳对话

第 五 课　　2018 年 4 月 7 日　　　　　与春雨对话

第 六 课　　2018 年 4 月 14 日上午　　与王羲之的兰亭对话

第 七 课　　2018 年 4 月 14 日下午　　与少年鲁迅对话

第 八 课　　2018 年 5 月 6 日　　　　　与春天对话

第 九 课　　2018 年 5 月 12 日　　　　与春天对话之二

第 十 课　　2018 年 5 月 19 日　　　　与西湖和瓦尔登湖对话

第十一课　　2018 年 6 月 2 日　　　　 与希腊对话

国语书塾 2018 年秋季课表

第 一 课　　2018 年 9 月 8 日　　　　　与芦苇对话

第 二 课　　2018 年 9 月 15 日　　　　与苹果对话

第 三 课　　2018 年 9 月 22 日　　　　与蟋蟀对话

第 四 课　　2018 年 10 月 13 日　　　与大雁对话

第 五 课　　2018 年 10 月 20 日　　　与菊花对话

第 六 课　　2018 年 10 月 27 日　　　与红叶对话

第 七 课　　2018 年 11 月 3 日　　　　演讲的艺术

第 八 课　　2018 年 11 月 10 日　　　与秋天对话之二

第 九 课　　2018 年 11 月 17 日　　　与鱼对话

第 十 课　　2018 年 11 月 24 日上午　与白马湖对话

第十一课　　2018 年 11 月 24 日下午　与老春晖中学对话

第十二课　　2018 年 12 月 8 日　　　与文艺复兴时代的

　　　　　　　　　　　　　　　　　　意大利对话

国语书塾 2019 年春季课表

第 一 课	2019 年 3 月 9 日	与燕子对话
第 二 课	2019 年 3 月 16 日	与蝴蝶对话
第 三 课	2019 年 3 月 23 日	与寒山寺和巴黎圣母院的钟声对话
第 四 课	2019 年 3 月 30 日	与草对话
第 五 课	2019 年 4 月 13 日	与茶对话
第 放 课	2019 年 4 月 20 日	与诸葛亮对话
第 七 课	2019 年 4 月 27 日	与竹对话
第 八 课	2019 年 5 月 11 日	与树对话
第 九 课	2019 年 6 月 1 日	与星星对话

国语书塾 2019 年秋季课表

第 一 课　　2019 年 9 月 7 日　　与石头对话

第 二 课　　2019 年 9 月 14 日　　与知了对话

第 三 课　　2019 年 9 月 22 日　　与萤火虫对话

第 四 课　　2019 年 9 月 28 日　　与墙对话

第 五 课　　2019 年 10 月 20 日　　与门对话

第 六 课　　2019 年 10 月 26 日　　与窗对话

第 七 课　　2019 年 11 月 2 日　　与岳阳楼对话

第 八 课　　2019 年 11 月 9 日　　与树叶对话

第 九 课　　2019 年 11 月 16 日　　与苏东坡对话

第 十 课　　2019 年 11 月 23 日　　与冬天对话

第十一课　　2019 年 11 月 30 日　　与冰对话

第十二课　　2019 年 12 月 7 日　　与雪对话

第十三课　　2019 年 12 月 15 日　　与腊梅对话

第十四课　　2019 年 12 月 21 日　　与云对话

国语书塾 2020 年春季课表

第 一 课　　2020 年 2 月 22 日　　与苹果和苹果树对话

第 二 课　　2020 年 2 月 29 日　　与风对话

第 三 课　　2020 年 3 月 7 日　　与雾对话

第 四 课　　2020 年 3 月 14 日　　与落日对话

第 五 课　　2020 年 3 月 21 日　　与日出对话

第 六 课　　2020 年 3 月 28 日　　与水对话

第 七 课　　2020 年 4 月 11 日　　与桥对话

第 八 课　　2020 年 4 月 18 日　　与牛对话

第 九 课　　2020 年 4 月 25 日　　与马对话

第 十 课　　2020 年 5 月 16 日　　与网对话

第十一课　　2020 年 5 月 23 日　　与手对话

第十二课　　2020 年 5 月 30 日　　与荷花对话

第十三课　　2020 年 6 月 6 日　　与牛顿对话

第十四课　　2020 年 6 月 13 日　　与爱因斯坦对话

第十五课　　2020 年 6 月 20 日　　与火对话

第十六课　　2020 年 7 月 4 日　　与圆对话

国语书塾 2020 年秋季课表

第 一 课　　2020 年 9 月 12 日　　与鹅对话

第 二 课　　2020 年 9 月 19 日　　与鸟对话

第 三 课　　2020 年 9 月 26 日　　与乌鸦对话

第 四 课　　2020 年 10 月 16 日　　与蜻蜓对话

第 五 课　　2020 年 10 月 23 日　　与叫卖声对话

第 六 课　　2020 年 10 月 30 日　　与橘子对话

第 七 课　　2020 年 11 月 7 日　　与枣子对话

第 八 课　　2020 年 11 月 14 日　　与雨对话

第 九 课　　2020 年 11 月 21 日　　与雷电对话

第 十 课　　2020 年 11 月 28 日　　与石头对话之二

第十一课　　2020 年 12 月 5 日　　与松树对话

国语书塾 2021 年春季课表

第 一 课　　2021 年 2 月 27 日　　与月亮对话之二

第 二 课　　2021 年 3 月 6 日　　 与杏花春雨对话

第 三 课　　2021 年 3 月 13 日　　与风筝对话

第 四 课　　2021 年 3 月 20 日　　与长城对话

第 五 课　　2021 年 3 月 27 日　　与落花对话

第 六 课　　2021 年 4 月 10 日　　与豆对话

第 七 课　　2021 年 4 月 17 日　　与井对话

第 八 课　　2021 年 4 月 24 日　　与伞对话

第 九 课　　2021 年 5 月 15 日　　与钥匙对话

第 十 课　　2021 年 5 月 22 日　　与李白对话

第十一课　　2021 年 5 月 29 日　　与儿童对话

第十二课　　2021 年 6 月 5 日　　 与夏天对话

国语书塾 2021 年秋季课表

第 一 课　　2021 年 9 月 4 日　　与猫对话

第 二 课　　2021 年 9 月 11 日　　与狗对话

第 三 课　　2021 年 9 月 25 日　　与蜜蜂对话

第 四 课　　2021 年 10 月 16 日　　与蚂蚁对话

第 五 课　　2021 年 10 月 23 日　　与豆腐对话

第 六 课　　2021 年 10 月 30 日　　与灯对话

第 七 课　　2021 年 11 月 6 日　　与山对话

第 八 课　　2021 年 11 月 13 日　　与海对话

第 九 课　　2021 年 11 月 20 日　　与杜甫对话

第 十 课　　2021 年 12 月 4 日　　与琦君的故乡对话

国语书塾 2022 年春季课表

第 一 课　　2022 年 2 月 12 日　　与百合花对话

第 二 课　　2022 年 2 月 26 日　　与桌子对话

第 三 课　　2022 年 3 月 5 日　　与土地对话

第 四 课　　2022 年 3 月 12 日　　与沙对话

第 五 课　　2022 年 3 月 26 日　　与苍蝇对话

第 六 课　　2022 年 4 月 2 日　　与夜对话

第 七 课　　2022 年 4 月 9 日　　与远方对话

第 八 课　　2022 年 4 月 16 日　　与长江对话

第 九 课　　2022 年 4 月 23 日　　与黄鹤楼对话

第 十 课　　2022 年 5 月 14 日　　与花生对话

第十一课　　2022 年 5 月 21 日　　与枇杷对话

第十二课　　2022 年 5 月 28 日　　与杨梅对话

第十三课　　2022 年 6 月 11 日　　与笔对话

第十四课　　2022 年 6 月 18 日　　与鸭对话

第十五课　　2022 年 6 月 25 日　　与蛙声对话

国语书塾 2022 年秋季课表

第 一 课   2022 年 9 月 2 日   与窗对话之二

第 二 课   2022 年 9 月 9 日   与故宫对话

第 三 课   2022 年 9 月 16 日   与圆明园对话

第 四 课   2022 年 9 月 23 日   与颐和园对话

第 五 课   2022 年 10 月 14 日   与水木清华对话

第 六 课   2022 年 10 月 21 日   与未名湖对话

第 七 课   2022 年 10 月 28 日   与北京的秋天对话

第 八 课   2022 年 11 月 4 日   与葡萄对话

第 九 课   2022 年 11 月 11 日   与柿子对话

第 十 课   2022 年 11 月 18 日   与银杏对话

第十一课   2022 年 11 月 25 日   与黄河对话

第十二课   2022 年 12 月 2 日   与鹳雀楼对话

国语书塾推荐部分书目

初阶（小学四年级）

1.《唐诗三百首》

2.《古文观止》

3. 王鼎钧《古文观止演义》

4.【德】贝蒂娜·施蒂克尔等《诺贝尔奖获得者与儿童对话》

5.【法】埃克苏佩里《小王子》

6.【美】E·B·怀特《夏洛的网》

7.【德】博多·舍费尔《小狗钱钱》

8.【德】米切尔·恩德《毛毛：时间窃贼和一个小女孩不可思议的故事》

9.【英】詹姆斯·马修·巴利《彼得·潘》

10.【荷】弗雷德里克·凡·伊登《小约翰》

11.【丹麦】安徒生《安徒生童话集》

12.【英】赫伯特·乔治·威尔斯《时光机器》

13.【英】威廉·戈尔丁《蝇王》

14.【英】C·S·刘易斯《纳尼亚传奇》

15.【挪威】古尔布兰生《童年与故乡》

16.【俄】普希金《普希金童话》

17.【意】卡尔维诺《意大利童话》

18.【英】狄更斯《圣诞颂歌》

19. 萧红《呼兰河传》

20. 林海音《城南旧事》

21. 琦君《桂花雨》

22. 琦君《青灯有味似儿时》

23.【美】马克·科尔兰斯基《一条改变世界的鱼》

24.【美】蕾切尔·卡森《万物皆奇迹》

25.【俄】普里什文《林中水滴》

26.【美】奥尔多·利奥波德《沙乡年鉴》

27.【比利时】梅特林克《青鸟》

28.【英】乔纳森·斯威夫特《格列佛游记》

29.【法】儒勒·凡尔纳《海底两万里》

30.【英】丹尼尔·笛福《鲁滨逊漂流记》

31.【美】马克·吐温《汤姆索亚历险记》

32.【美】马克·吐温《哈克贝利·费恩历险记》

33.【巴西】保罗·柯艾略《牧羊少年奇幻之旅》

34.【法】法布尔《昆虫记》

35.【印度】泰戈尔《飞鸟集》

36.【印度】泰戈尔《流萤集》

37.【德】恩斯特·彼得·费舍尔《比知识更重要的是想象力》

38.【英】迈克尔·伯德著 【英】凯特·埃文斯绘《和孩子一起读的艺术史》

39.【德】安妮·弗兰克《安妮日记》

40.【英】托马斯·帕克南《英伦寻树记》

41.【英】弗朗西斯·凯莉《树的艺术史》

42. 汪曾祺《汪曾祺散文》

43.【美】艾丽斯·卡拉普赖斯编《爱因斯坦语录》

44. 范用《我爱穆源》

45.【美】辛西娅·巴内特《雨：一部自然与文化的历史》

46. 梁衡《数理化通俗演义》

47.【美】房龙《宽容》

48.【美】房龙《人类的故事》

49.【英】赫胥黎《美妙的新世界》

50. 张友鸾《中国古代寓言选》

51.【美】欧·亨利《欧·亨利小说选》

52.【美】杰克·伦敦《杰克·伦敦小说选》

53. 王鼎钧《灵感》

二阶（小学五年级）

1. 鲁迅《朝花夕拾》

2. 胡适《自由与容忍》

3. 邓云乡《草木虫鱼》

4. 北岛《城门开》

5. 老舍《想北平》

6. 齐邦媛《巨流河》

7. 梁实秋《雅舍小品》

8. 梁实秋《清华八年》

9. 王鼎钧《昨天的云》

10. 林语堂《吾土与吾民》

11. 木心《哥伦比亚的倒影》

12. 木心讲述《文学回忆录》

13. 海子《海子的诗》

35.【美】约翰·缪尔《夏日走过山间》

36.【俄】普利什文《大自然的日历》

37.【英】莎士比亚《威尼斯商人》

38.【英】莎士比亚《哈姆雷特》

39.《哈佛极简中国史》

40.《希利尔讲世界史》

41.【古希腊】荷马史诗《伊利亚特》

42.【古希腊】荷马史诗《奥德赛》

43.【日】盐野七生《文艺复兴究竟是什么》

44.【法】多米尼克·贾尼科《苏菲的哲学课》

45.【英】吉辛《四季随笔》

46.【日】高村光太郎《山之四季》

47.【英】毛姆《月亮与六便士》

48.【美】爱默生《美的透视》

49.【法】蒙田《蒙田随笔》

50.【德】斯威布《希腊的神话和传说》

51.【美】戴安娜·拉维奇《美国读本——感动过一个国家的文字》

52.【捷克】卡夫卡《卡夫卡寓言与格言》

53.吴冠中《生命的画卷》

54.吴冠中《画眼》

55. 黄永玉《沿着塞纳河到翡冷翠》

56. 张荫麟《中国史纲》

57. 朱光潜《谈美》

58. 宗白华《美学散步》

59. 李泽厚《美的历程》

60. 朱自清《经典常谈》

61. 吴经熊《唐诗四季》

62. 贾祖璋《花与文学》

63. 贾祖璋《鸟与文学》

64.【美】梭罗《种子的信仰》

65.【美】梭罗《远行》

66. 陈冠学《田园之秋》

67. 陈冠学《访草》

68. 陈冠学《时光邮差》

69.【英】奥威尔《动物农庄》

70. 顾城《顾城哲思录》

71. 阿城《闲话闲说》

72.【美】戴维·哈斯凯尔《看不见的森林》

73.【美】戴维·哈斯凯尔《树木之歌》

三阶（小学六年级及以上）

1. 沈从文《边城》

2. 沈从文《湘西》

3. 沈从文《湘行散记》

4. 沈从文《从文自传》

5. 沈从文《长河》

6. 鲁迅《呐喊》

7. 鲁迅《彷徨》

8. 鲁迅《野草》

9. 老舍《骆驼祥子》

10. 巴金《家》

11. 巴金《寒夜》

12. 钱锺书《围城》

13. 杨绛《干校六记》

14. 王小波《沉默的大多数》

15. 周作人《周作人散文选》

16. 张爱玲《张爱玲小说选》

17. 张爱玲《张爱玲散文选》

18. 陈之藩《陈之藩散文选》

19. 余光中《余光中诗选》

20. 余光中《余光中散文选》

21. 周梦蝶《周梦蝶诗选》

22. 阿城《棋王·树王·孩子王》

23. 龙榆生《唐宋名家词选》

24. 夏承焘《唐宋词选讲》

25. 琦君《词人之舟》

26. 黄仁宇《万历十五年》

27. 费孝通《乡土中国》

28. 钱穆讲，叶龙记录、整理《中国文学史》

29. 顾随讲，叶嘉莹笔记《中国古典诗词感发》

30. 顾随讲，叶嘉莹笔记《中国古典文心：顾随讲坛实录》

31.【希腊】埃斯库罗斯《埃斯库罗斯悲剧选》

32.【法】雨果《巴黎圣母院》

33.【法】雨果《悲惨世界》

34.【法】雨果《九三年》

35.【德】歌德《歌德抒情诗选》

36.【德】歌德《浮士德》

37.【德】爱克曼《歌德谈话录》

38.【德】席勒《审美教育书简》

39.【意】但丁《神曲》

40.【西班牙】塞万提斯《堂吉诃德》

41.【俄】托尔斯泰《复活》

42.【俄】托尔斯泰《战争与和平》

43.【美】海明威《老人与海》

44.【捷克】卡夫卡《变形记》

45.【英】莎士比亚《李尔王》

46.【英】莎士比亚《仲夏夜之梦》

47.【英】奥威尔《一九八四》

48.【汉】司马迁著，王伯祥选注《史记选》

49.【意】达·芬奇《芬奇论绘画》

50.【法】罗丹《罗丹论艺术》

51.【美】约翰·塔巴克《数学和自然法则》

52.【阿根廷】豪·路·博尔赫斯、【美】威利斯·巴恩斯通《博尔赫斯谈话录》

53. 许渊冲《追忆逝水年华》

54. 夏志清《中国古典小说》

55. 夏志清《中国现代小说史》

56. 张倩仪《再见童年》

57.【美】尼尔·波兹曼《童年的消逝》

58.【美】戴维·卡斯坦、【英】斯蒂芬·法辛《谈颜论色：耶鲁教授与牛津院士的十堂色彩文化课》